LE PLUS BEL ÂGE

Rencontres avec des octogénaires affranchis

DU MÊME AUTEUR

L'ANNÉE DE LA MODE 1987, La Manufacture.
L'ANNÉE DE LA MODE 1988, La Manufacture.
LES CHINOIS, Autrement, 1997.
ISSEY MIYAKE, éd. Assouline, 1997.
MADAME GRÈS, éd. Assouline, 1999.
LE PANTALON, UNE HISTOIRE EN MARCHE, éd. Vilo, 1999, Grand Prix du livre de mode.
MARIE-LAURE DE NOAILLES, LA VICOMTESSE DU BIZARRE, Grasset, 2001.
YVES SAINT LAURENT, NAISSANCE D'UNE LÉGENDE, photographies de Pierre Boulat, La Martinière, 2002.
YVES SAINT LAURENT, nouvelle édition revue et augmentée, Grasset, 2002.
REQUIEM POUR YVES SAINT LAURENT, Grasset, 2010.

LAURENCE BENAÏM

LE PLUS BEL ÂGE

Rencontres avec des octogénaires affranchis

BERNARD GRASSET
PARIS

Photo de couverture :
©Victoria Will/Corbis Outline

ISBN 978-2-246-79529-2

A Elias et Salomé

Tout sur terre appartient aux princes,
hors le vent.

Victor Hugo,
La Légende des Siècles.

« *Quelle est votre ambition dans la vie ?*
– *Devenir immortel, et puis mourir.* »

Jean-Luc Godard,
A bout de souffle.

La peau de l'univers se lisse chaque jour, à coups d'injections de collagène dermique, de *boosters* hautement concentrés vendus dans des packagings éco-responsables. « Le temps passe, la beauté reste. » Les formules sont merveilleuses, bourrées d'actifs *surdoués*. J'ai eu envie d'épines, de fiel et de fards. De vérité et de masques, de drames et de destins. Comme pour mieux capter ce moment d'illumination qui précède l'éclipse, le passage du grand au révolu, de la sagesse à la sénescence, de la force au vertige, de la maîtrise à la perte de soi, la transformation inéluctable du bleu en gris. Me glisser dans cette antichambre où les octogénaires savent qu'en se mettant à nu, ils n'auront plus jamais froid, enveloppés par le halo de leur existence passée, et l'exigence plus forte que tout de ne pas devenir gâteux, de rester vivants, jusqu'au bout. Couchés, fatigués, abîmés, tracassés, mais debout face à la mort qu'ils repoussent de toutes leurs forces, avec leurs livres, et leur détermination à lutter. J'aime la manière qu'ont ces libres esprits d'invoquer l'invisible. De se révéler, étranges funambules, déserteurs sans uniforme, excentriquement bourgeois, *affranchis*. S'ils disparaissent, certains continuent de vivre en nous, en moi, comme des guides silencieux et attentionnés. Ecrire sur les octogénaires, c'est ralentir la course, et, forcément, se souvenir, aller contre, s'éclipser en douce, comme on se retire d'un dîner « à l'anglaise », sans saluer, pour ne froisser personne, et voir bientôt tous les fantômes danser. A travers eux, je retrouve les absents, ceux qui m'ont tout appris. Au début, on croit que pour avancer, il ne faut jamais se retourner, mais un jour vient où le vent qui vous a poussé souffle dans tous les sens, les voiles claquent, il faut rentrer au port.

Mes parents souvent occupés par leur *médecine*, c'est auprès de mes grands-parents maternels que j'ai passé les plus beaux moments de mon enfance. Je crois d'ailleurs ne me souvenir que d'eux. Issu d'une famille juive polonaise de Varsovie, Hermann Frajder était un bel homme. Arrivé en France au début des années vingt, il avait d'abord vendu des bas avant de devenir casquettier et de s'installer à son compte, dans cet atelier de la rue du Faubourg-Saint-Denis. Dès six heures, il taillait l'étoffe avec son petit couteau à manche bleu bombé ; lui qui avait quitté l'école à 12 ans, peut-être moins, le tenait comme si c'était un crayon. Le tweed frisait, le velours fondait, il travaillait debout, en blouse blanche. Autour de lui, se trouvaient Henriette, qui piquait les triangles pour qu'assemblés à l'envers ils forment une tête, galonnait les bordures de gros-grain, parait les visières, et Monsieur Charles, le « bichonneur », dont on distinguait à peine la silhouette de colosse en tricot de peau, dans cette petite pièce envahie de vapeur. Il parlait souvent yiddish avec ma grand-mère, et leurs conversations incompréhensibles se trouaient d'éclaircies, de mots qu'ils étaient bien obligés de prononcer en français, car ils n'existaient pas au shtetl : *télévision, frigidaire.* Ma grand-mère passait le balai, on fermait l'atelier. Pendant la nuit, les casquettes placées sur des formes de bois que forait de part en part une énorme vis, « prenaient », sur des têtes. Je me souviens de leurs habitudes, du café au lait, qu'ils prenaient le dimanche, vers six heures du soir, avec une tartine au beurre « à la motte », avant de se coucher, d'aller au *schloff.* Du garde-manger, dans lequel elle rangeait les légumes, les radis noirs qui ressemblaient à des rats morts, les gousses d'ail qu'elle croquait à jeun. De l'odeur de la cire jaune, de la réserve dans l'atelier situé juste en face de l'appartement, de ses boîtes de sucre de canne en morceaux, ses pots de confiture juponnés, son raifort fuchsia, ses sacs de farine Francine, et ses boîtes de conserve. Du thé au cynorrhodon servi dans des grands verres à anse, avec les petits gâteaux rayés rose et jaune et les biscuits en forme d'étoile.

Des portraits des sœurs de ma grand-mère, raflées par la police française, et jamais revenues. Du chemin de table crocheté à la main, et des glaïeuls rouges dans le vase en cristal d'Arques. De l'armoire à glace et de la psyché. De ces pièces de cinq francs en argent, qu'ils roulaient par dix dans des papiers mauves que leur donnait la Société Générale, de leur manière d'économiser, pour nous, leurs petits-enfants de la République Française. Ils n'étaient pas particulièrement religieux, mais jusqu'au bout ils allèrent à la *choule*, rue de la Victoire. Mon grand-père jeûnait à Kippour, sa grande silhouette se courbait alors comme un roseau, affaiblie par les livraisons qu'il effectuait lui-même, à la Belle Jardinière ou chez Berteil, avec ses grands sacs en papier kraft dans lesquels il avait rangé, la veille, ses chapeaux d'enfants. A la synagogue, du balcon réservé aux femmes, auprès des amies si bavardes de ma grand-mère qui me laissaient des traces de rouge à lèvres sur les joues, je le voyais, son talith sur les épaules ; il ne parlait à personne, il était seul et beau, parmi tous ces hommes qui avaient peut-être perdu, comme lui, des frères, des sœurs, des parents. Mon grand-père, c'était un *Mensch*.

Le choffar, à la fin de la cérémonie, résonne en moi comme son hurlement de douleur, mêlé à ceux des autres, les orphelins, les brisés, les revenants. Il avait perdu deux frères jumeaux à Treblinka, mais il n'en parlait jamais. Ces soirs-là, ma grand-mère préparait du fromage blanc à la ciboulette et aux radis roses, du bouillon de poule, des vermicelles sucrés et des carpes farcies, la gueule maintenue ouverte par une rondelle de carotte. En vacances, à la plage, ils étaient toujours habillés comme en ville, lui n'enlevait jamais ses chaussures lacées, elle roulait ses bas sur ses chaussures Maralex bientôt déformées par ses « oignons ». Même sur le sable, elle nous donnait encore à manger, au cas où nous aurions faim après le repas. Ils avaient toujours peur que l'on « manque » de quelque chose. Elle aimait les twin-sets en cachemire que lui offrait mon oncle officier de marine, mais finissait toujours par les tâcher à cause des éclaboussures de bouillon de poulet. Quand je dormais chez eux, je la voyais dans la pénombre se déshabiller, comme si elle retirait un corps, son énorme soutien-gorge à dix agrafes, sa culotte de maintien, son collier de perles ; dans la salle de bains, j'entendais le dentier tomber dans un bain effervescent, avant qu'elle ne monte, un filet sur la tête, tenu par des pinces en métal, pour maintenir ses cheveux gris-mauve, dans ce lit qui me semblait si haut, avec son édredon de satin rose, et sur lequel mon grand-père acceptait de s'allonger le jour, uniquement quand elle lui posait des ventouses. *Mein Puppele*, me disait-il. *Tak tak*, oui oui, disait la femme de ménage polonaise, une blonde cossarde et moustachue que ma grand-mère détestait, mais avec laquelle elle conversait comme si nous étions à Varsovie : « Il faut toujours savoir parler la langue de son ennemi. » Elle me racontait des histoires extraordinaires. Un jour, un *Polak* était entré dans la boutique familiale, le père vendait du crin de cheval. « Le Polak a voulu me couper les cheveux. Tu sais ce qu'a fait mon père ? Eh bien, il a tué le Polak et l'a jeté dans la Vistule. »

J'ai appris auprès d'eux qu'il y avait trois genres de personnes à fuir, les *mishgheh* (les fous), les *koutspeh* (les culottés), et les *schnorer* (les bons à rien). Mes grands-parents me manquent de plus en plus, elle est morte avant lui, victime d'une attaque cérébrale. « Elle a *probablement fait* partie, me dit ma mère, des premiers transfusés avec du sang contaminé. » La solitude a laissé mon grand-père prostré. Il me demandait des livres, toujours des livres, je lui en donnais, il en redemandait, *oui oui pépère, je te promets, des écrits bien gros* ; à la fin je lui redonnais les mêmes, je ne savais pas s'il s'en rendait compte. J'ai honte de ne pas lui avoir donné plus de temps, plus d'attention. Je vivais en face de chez lui, dans ce qui fut son atelier ; tout en étant heureux d'avoir sa petite-fille près de lui, il n'a jamais franchi le palier, peut-être parce que c'est là, dans son chez moi-chez lui, qu'il avait laissé une partie de sa vie. Si j'écris ce livre, c'est pour leur demander de ne pas m'oublier. *A leben auf dir !* Vous devriez vivre !

Il m'est arrivé, et il m'arrive encore, de croire qu'il marche devant moi, à Paris, à Manhattan, ou à Tel-Aviv, comme si ce grand-père s'était démultiplié en mille grands-pères photographiés par Roman Vishniac. Pourtant, je sais bien que ses successeurs, les nouveaux grands-pères, ne deviendront jamais vieux comme lui, ils n'enlèveront jamais leur casquette pour saluer une connaissance. Ils ne diront plus : « Cet homme, c'était quelqu'un. » Ils n'auront plus de grands mouchoirs en coton dans leur poche de pantalon, ni de *cabas à commissions*, ou de raisons de *rouspéter.* Je n'ai pas la nostalgie du fixe-chaussette, pas plus que celle du Régécolor qui donnait aux cheveux de ma grand-mère des reflets mauves, mais ce qui disparaît avec eux, j'ai eu envie de le raconter, avant que tout ne soit broyé. J'ai toujours en tête l'image de Madame Grès, la célèbre couturière, qui devint folle le jour où des bennes garées rue de la Paix emportèrent ses rouleaux de tissus, ses mannequins de bois, ses épingles et sa vie. « La solitude, madame, on ne choisit pas », avait-elle répondu à une journaliste venue l'observer dans son antre secret. Elle fut placée à l'hospice, dans le plus parfait anonymat. La doyenne de la profession continuait de lancer les invitations pour le traditionnel cocktail de la Chambre syndicale de la Mode. Le Costume Institute du Metropolitan Museum de New York lui consacrait une exposition. Je cherchai à la rencontrer, fascinée par ses drapés de tanagra et ses robes de piscine. Mais au bout de quelques semaines d'enquête je m'aperçus qu'elle n'existait plus. Rayée, disparue, anéantie. Sa fille avait dissimulé la mort de sa mère. Alix Grès, Germaine Krebs, n'était plus qu'un fantôme en turban. Au *Monde*, où je travaillais alors, mon scoop fit la Une. C'était étrange, je travaillais *dans* la mode, et ce qui me passionnait avant tout, c'était ce que cette machine à produire de nouveaux désirs évacuait, ses *chutes*, au sens textile du terme, ce temps qu'elle expulsait et recyclait naturellement, dans ces maisons de couture où j'adorais me faufiler pour écouter une première d'atelier ordonner à sa seconde : « Madame Catherine, il faut que vous mouriez sur deux centimètres. »

Ma grand-mère était fière d'aller m'offrir, chez Gibert Jeune, les livres qu'elle souhaitait me voir choisir « dans la plus belle édition ». Leurs premières économies, ils les consacrèrent à l'achat d'une encyclopédie. Les livres m'ont construite et m'ont sauvée. Je leur dois tout. J'y ai trouvé la source, le lien qui me réconciliait avec l'existence, les volets fermés. Lire, c'est redevenir un enfant, et en même temps traverser tous les âges, passer de l'autre côté du temps, s'absenter du monde, pour goûter l'existence autrement qu'en la consommant. Un poème yiddish dit : « La vie est un songe, ne me réveillez pas. »

Mes rencontres furent d'abord et avant tout littéraires. Dans *Bel-Ami*, le portrait que Maupassant fait de la mère Duroy, avec « sa haine de vieille travailleuse, de vieille rustique aux doigts usés, aux membres déformés par les dures besognes », illustre pour moi toutes les tensions du monde. Tous ces sentiments, toute cette lutte qu'on voudrait faire oublier en laissant croire que la vieillesse n'est pas une expérience unique, seulement une étape, pudiquement concentrée dans l'expression « troisième âge », aujourd'hui rejointe par le « quatrième » et le « cinquième âge ».

J'ai grandi entourée d'absents innombrables. Quand on me parlait d'ancêtres, j'avais l'impression de tourner les pages d'un livre d'images qui n'était pas le mien. Je n'ai pas de croisés, de seigneurs, de vaillants notables derrière moi. Notre arbre généalogique part dans tous les sens, en mille branches tordues, enracinées et vite replantées. Les portraits en noir et blanc de mes oncles, tantes et autres, m'évoquent, de l'Algérie à la Pologne, des mondes disparus dont ma mémoire serait la seule gardienne, parce que nous n'avons jamais eu de châteaux, et moins encore de chapelle pour les célébrer. Ils vivent en nous, à jamais, dans nos cœurs pleins de larmes, plus lourds que les stèles sur lesquelles nous ne pouvions déposer que des pierres, quand les autres s'agenouillaient, les bras chargés de fleurs qu'ils abandonnaient là, avec le sentiment d'avoir accompli leur devoir. Le pire n'est pas de se dire qu'il y a soixante ans des enfants furent arrêtés et envoyés à Drancy, parce qu'ils étaient juifs.

C'est de savoir que tout est en place pour que cela puisse recommencer de façon sporadique, aujourd'hui, sous la forme d'attentats, d'enlèvements, de terreur moderne. Et que l'Histoire, en surexposant ses victimes, les efface. Que les commémorations ne pourront rien contre l'amnésie, cette lèpre du temps. Les vieux seront ma consolation.

A l'issue de sa vie, Goethe affirma qu'il venait d'apprendre à lire. Toute fin est une promesse de recommencement. Et si la vieillesse, perchée sur les ans, réconciliée avec la gravité, était le sommet final d'où l'on dominait tout ? « Les jambes traînent, mais la tête vagabonde », m'avait dit un jour André Ostier, ce chasseur de bonheur qui signait ses reportages photographiques « Paris revit », dans *Vogue*, en 1945. Ces octogénaires semblent tordre le nez aux statistiques. Il y aura bientôt plus de personnes âgées que d'enfants de moins de 5 ans. En Allemagne, on vendra plus de couches pour incontinence que de couches pour bébé. L'espérance de vie tant prolongée se métamorphose en cauchemar, notamment dans des pays comme le Japon, ou la Chine et ses 106 millions de seniors recensés en 2008, et dont le chiffre va en s'envolant. En prime time, France 2 diffusa récemment un reportage sur la vallée des centenaires, dans le Guanxi. Une arrière-arrière-grand-mère, dont les quatre fils sont morts de vieillesse, y déclare : « J'ai toujours travaillé, j'aimais nourrir mes cochons. Mais depuis que j'ai 107 ans, mes enfants m'empêchent de le faire… » Le reportage était suivi d'une enquête sur la chirurgie esthétique des moins de 18 ans. Nous vivons dans un monde de plus en plus fou. Il faudra bien qu'un jour il s'arrête. La tranche des plus de 80 ans est celle qui progresse le plus vite, elle devrait croître de 233 % d'ici à 2040, a annoncé le Census Bureau américain. Le monde vieillit, mais le monde n'a rien anticipé, et les poupées de 15 ans n'ont plus qu'une obsession : vieillir, mais à condition de s'offrir, à chaque décennie, un nouveau visage, un corps neuf.

Les personnalités nourries par les mots semblent être privilégiées. Dans *Le temps mord*[1], Doris Lessing, alors âgée de 90 ans, a évoqué le « don merveilleux de la vieillesse : "Le détachement" ». « Pourquoi est-on si heureux en scène ? » se demandait Tsilla Chelton, disparue en 2012 à l'âge de 93 ans. « Parce que "je" n'est pas là. Il ne vous dérange pas. » Collectionnant les personnages de vieilles, de la cantatrice chauve à Tatie Danielle, elle a fait des planches son jardin de paradis, laissant à l'ombre les petits et grands tracas du quotidien.

Les Affranchis sont, et resteront des rebelles. Incapables de renoncer à rien, ils demeurent individualistes

1. Flammarion, 2011.

avant tout. Assez infatigables pour s'offrir, à la manière de l'architecte Oscar Niemeyer, le luxe d'exposer jusqu'à 105 ans leurs œuvres. Militants jusqu'au bout, comme l'écrivain israélien Yoram Kaniuk, pour lequel « religion et démocratie ne peuvent aller de pair », et qui, en 2012, à 81 ans, signa sa victoire historique : obtenir d'un tribunal de Tel-Aviv le droit d'utiliser la formule « libre de toute religion ». Ils ne font pas semblant. Ils n'ont pas grandi avec les trente-cinq heures et les RTT. Ils n'ont vécu que pour leur passion. Comme Michel Legrand, que Jacques Demy a surnommé un jour « Fontaine à musique » ; ce jeune homme de 80 ans rédigea sa première musique de ballet pour *Liliom,* de John Neumeier, à l'Opéra de Hambourg, ce qui ne l'empêcha pas de réaliser, plus tard, les arrangements d'un album réunissant des interprètes contemporains tels que Ayo ou Jamie Cullum. Comme Daphne Selfe, 83 ans, la Kate Moss des octogénaires, ou René Buffière, qui, à 87 ans, préparait son baccalauréat. Il dédia cette épreuve à son fils, inspecteur du travail tué à coups de fusil de chasse par un agriculteur lors d'un contrôle de routine. Pour lui, apprendre, c'était renaître dans les livres. Il aimait citer Montesquieu : « L'ignorance entretient la servilité. » La vie, que nous considérons trop souvent comme un dû, ils la voient comme un don. D'une certaine manière, ils nous réconcilient avec nous-mêmes, avec la nécessité d'apprendre à surmonter les épreuves, à imaginer, sur fond d'apocalypse, la perspective de notre fin, comme une promesse que l'on se fait. Bourreaux de travail le plus souvent, monstres d'égoïsme en général, passant sous les vagues du temps avec une grâce de *pure players*, électrons libres, ils échappent à la course contre l'âge, dans laquelle se consument leurs cadets quadragénaires happés par les gourous du bien-être et de l'anti-vieillesse. Loin des monstres sacrés d'hier et des piliers de la longévité asiatique, ils me semblaient inclassables, aussi solitaires qu'entourés, francs-tireurs d'une époque malade de son jeunisme, condamnée à se distraire dans les parcs d'attractions culturels pour fuir ses démons.

Certains adjectifs ont beau être passés de mode, (comme « revêche »), le politiquement correct n'a pas anéanti une certitude personnelle : les vieux ne sont pas nos copains. Ils jouent, ils trichent, ils se défendent, ils dirigent chacun une armée imaginaire composée d'un seul soldat à facettes. Lorsqu'un jour, j'ai vu June Newton chanter au-dessus du tombeau d'Helmut, à Berlin, j'ai compris. « Je n'ai peur de rien. La vie n'est pas une répétition », me dit-elle, son casque de cheveux gris surplombant ses lèvres fardées de rose. Le soir, elle chanta, elle s'enivra encore, dans ce bistrot où le portrait géant d'Yves Saint Laurent par Juergen Teller s'affichait, telle la statue du Commandeur. « *Old age is not for cissies* » (« La vieillesse, ce n'est pas pour les mauviettes »). Dans notre époque si consensuelle, où pour s'aimer il faut d'abord se ressembler, et où la crainte de l'affrontement nourrit les frustrations et la haine, leur pouvoir suprême est d'être différents. D'honorer l'insoumission, comme l'élégance suprême du cœur qu'ils ont parfois, il est vrai, aussi sec qu'un biscuit oublié dans une boîte en fer. Egoïstes, ils le furent, sans doute, parce qu'ils ont survécu sans s'attacher aux petits détails qui nous blessent, nous qui croyons mieux vieillir en absorbant des doses massives d'antioxydants et d'Oméga 3. Insolents et galopins, ils bravent les tabous du politiquement correct. « Les églises se vident, mais d'autres s'emplissent de crapauds de bénitier que les dévots de la bien-pensance engraissent à la guimauve du conformisme le plus abyssalement débile. On a dit de la France qu'elle était moisie. Je dirais plutôt que, tremblotante et frileuse, elle se couvre de lois et d'interdits, comme les vieillards se couvrent de petites laines. » En 2012, le hussard aux lunettes d'écaille, signant son *Journal d'un mauvais Français*, n'était autre que Christian Millau, 83 ans.

Coups de sabre, coups de tête, coups à longue portée. Les plus de 80 ans sont peut-être les derniers frondeurs. Assumant, loin des indignés de circonstance, l'éclat de rire et l'audace. « Qu'est-ce qu'elle fout encore là, la vieille ? Qu'est-ce qu'elle a à dire ? Il ne faut pas se leurrer, les gens ne sont pas très aimables. Je suis une vieille dame et il y a un racisme pour ces choses-là. Mais je ne suis pas morte, je ne suis pas morte », dit Juliette Gréco.

J'avais décidé de les rencontrer à la manière d'un ethnologue, mais en cachant l'objet de ma recherche : « Des personnalités qui ont traversé le siècle… 80 ans et plus ». La formule sonnait comme une insulte auprès de ceux dont tout l'exploit consistait précisément à dissimuler leur âge. D'autres, au contraire, affichaient joyeusement cette victoire sur le temps, avec humour de surcroît : Iris Barrel Apfel se présentait elle-même comme une « starlette gériatrique », Irina Ionesco m'accueillit dans son antre envahi de boîtes de Cibachromes, de plumes, de talons et d'images pieusement érotiques. « Une vie de roulotte, mais une vie riche. Voir des expos, aller à des concerts, voyager », dit-elle. Ses sourcils épilés agrandissaient encore ce regard que rien, pas même les douleurs s'entrechoquant dans son corps de contorsionniste, ne semblait devoir briser. Pierre Cardin me reçut dans son bureau-capharnaüm où les flacons de parfum factice jouxtaient des photos cartonnées, Cardin avec Castro, Cardin en cosmonaute, Cardin en Chine, Cardin en Russie. « La vie m'a donné la chance de travailler encore. C'est comme une drogue. » Il me parla de son Palais des Lumières aux cinquante ascenseurs : « Moi, je prendrai le dernier étage. Là-haut, on voit l'infini. » A 91 ans, il restait intarissable : « Je fais des maisons *mushrooms*. Je suis très écologique. » Je me souviens de ses mains, des mains de coupeur, énormes, massives, des mains à coller une sacrée trempe au monde, avec ses chemises de polyester et ses cahiers d'écolier dans lesquels ce milliardaire continuait de consigner, jour après jour, ses dépenses et ses recettes, signant lui-même les chèques de ses employés.

Il fallut affronter des silences, des trous, des mailles défaites, cet agacement parfois, à l'autre bout du fil : « Vous appelez d'un portable ? Je vous entends mal. Pouvez-vous me contacter d'un poste fixe ? » William Klein avait oublié notre premier rendez-vous, ainsi que le deuxième, mais il me reçut, mal réveillé, un jour de pluie. L'homme qui avait photographié Marilyn sur un éléphant égrena quelques souvenirs, interrompus par ses digressions sur la couverture sociale, sur Obama, ou sur sa petite amie portugaise. Cet artiste, dont le regard à vif contenait encore toute la verve de Polly Maggoo, toute l'énergie chaotique de New York, m'offrait en *live* tout ce qu'il avait donné à son métier. Décadrage, flous, grains, vitesse mouvements et bougés, contrastes. Mais ce jour-là, la planche contact révélait des images voilées, et d'autres, souvent noires ou surexposées. « Je travaille la nuit parce que je n'ai pas à me coucher. » Il me parla de jeunes filles, de sa mère qui copiait si bien Daumier, de New York : « Je rêvais juste de l'extérieur. » De Diana Vreeland : « Je pensais que c'était une folle de la mode. Je ne savais pas qu'elle avait connu Cole Porter et Fred Astaire. Elle m'avait avoué : vous étiez la seule personne dont j'étais jalouse.... »

Marc Riboud, lui, semblait flotter dans les nuages, parmi les montagnes du Huang Shan qu'il avait si bien photographiées, un corps de granit dans la brume : « Comment s'appelle l'endroit qui n'a pas de nom ? » me demanda-t-il, sans que je sache s'il simulait ou s'il était déjà ailleurs. « Vous avez vu le temps ? On dirait le brouillard de l'ange... » Il répondait à certaines questions, et restait sourd à d'autres, ses cheveux gris se confondant à leur tour dans l'immensité d'un chandail sans contour. Dans cette rue Monsieur-le-Prince, où les librairies en cessation d'activité côtoyaient des cantines chinoises, l'odeur de la pipe se mêlait à celles du chou. « Il ne faut passer sa vie qu'à regarder autour de soi... » L'ombre en lui l'avait rattrapé : « Le tour du monde est une perpétuelle parenthèse. Et les gens sont persuadés qu'autour de la parenthèse, il y a la vie. Autour il y a le trou... » La conversation s'éteignait, avant de se troubler, liquide, comme de l'eau : « Je crois qu'il y a un gros moustique fou autour de nous. Il fait sa tournée... »

D'autres se dirent « très occupés ». Le temps qui leur restait, ils le consacraient bien évidemment à leurs projets. Reprendre le montage de la *Recherche*, comme Jacques Sereys, la mémoire vivante de Proust, qu'il connaissait par cœur. A 84 ans, il offrait, au théâtre, une véritable performance ; se souvenir autant que jouer, dans cette traversée des apparences qui le faisait devenir sur scène, le narrateur, la vieille tante Léonie, Françoise, Swann, Odette, passant de l'ombre à la lumière, de la chambre aux souvenirs au salon de Madame Verdurin. A la discipline des mots ainsi ordonnés dans sa tête-bibliothèque, s'ajoutait la magie d'une interprétation tout en facettes : « Il m'était arrivé, au cours d'une lecture commencée dans le silence, d'élever peu à peu la voix et de découvrir combien les vibrations sonores profitaient aux méandres de cette fluviale pensée. » Il ne récitait pas Proust, il l'éclairait, comme on éclaire la toile d'un peintre, laissant apparaître les paysages de Manet, de Renoir, une suite d'après-midi heureux sous le soleil de Combray. Jacques Sereys accepta de me recevoir dans son pied-à-terre parisien. « Ne rien négliger, ni les autres, ni soi-même », m'avait dit cet épicurien en costume-cravate. « Pour ne pas gâcher un plat, il faut d'abord savoir comment il doit être cuit. »

Charles Aznavour, connu pour multiplier ses adieux, n'eut pas le temps de me rencontrer. Quand on a fait tout ce chemin, pourquoi, à un certain moment, s'arrêter ? Qui a oublié l'aveu de Sarah Bernhardt à la reine Mary ? « Majesté, je mourrai sur scène, c'est mon champ de bataille ! » Leur seule raison d'accepter, c'était de rester fidèles à tout ce qui les avait rendus invincibles : une disposition certaine à l'inconnu. Improviser, pour durer. Rester, pour longtemps, encore vert, malgré les ombres qui s'avançaient. « Je ne suis sûr de rien. Plus exactement c'est le rien qui est devenu ma demeure », déclamait René de Obaldia, 94 ans, au théâtre du Ranelagh. Ce à quoi semblait répondre Jean-Louis Trintignant : « Les gens qui ont des certitudes sont des imbéciles. Ce sont des gendarmes, des gens comme ça… »

Il y eut les suractifs, les inquiets, les indécis, les goujats, les vénérables, les possessifs. Ils ne changeraient pas leur rythme, ils étaient pressés, enfantins et joyeux. « Dans six jours, ma mère aura 104 ans », me confia Pierre Bergé, en décembre 2011. C'était incroyable de penser qu'un homme de 81 ans comptait ainsi les jours, les années. L'attente fécondait des surprises, d'autres rencontres. Une amie m'envoya ce merveilleux poème, « Instants », de Jorge Luis Borges :

Si je pouvais de nouveau vivre ma vie
Dans la prochaine je commettrais plus d'erreurs
Je serais plus bête que ce que j'ai été
En fait je prendrais peu de choses au sérieux
Je serais moins hygiénique, je courrais plus
de risques, je voyagerais plus

Je contemplerais plus de crépuscules, je grimperais plus de montagnes
Je nagerais dans plus de rivières. (…)

Si j'avais encore une fois la vie devant moi
Mais voyez-vous, j'ai 85 ans, et je sais que
Je suis en train de mourir.

De la vieillesse, qu'on dit marquée par les idées fixes, les habitudes, ils ont fait une créature fantasque, capable de peindre un paysage juste avec le bleu de l'air, le bleu d'un regard. Jean d'Ormesson me laissa un message téléphonique pour m'expliquer qu'il n'avait pas de place pour moi dans son agenda, parce qu'il multipliait les interventions télévisées et journalistiques, passant du rôle de rédacteur en chef du *Figaroscope* à celui de François Mitterrand dans *Les Saveurs du Palais*, le film de Christophe Vincent. Le Ritz était sa maison, et le Ritz fermait pour travaux pendant deux ans, mais lui restait ouvert à tout. L'amoureux de l'amour, des cabriolets, de la Côte d'Azur, ne semblait jamais devoir faillir à ses principes, énoncés dès 1966 dans *Au revoir et merci* : « J'aimais ce monde et je m'en foutais. Je m'en fous, je le jure, mais je l'aime. J'en aime tout, le soleil et l'argent, les filles, le malheur, les livres et les conneries. »

Les Affranchis n'ont plus rien à perdre, ils sont toujours prêts à tout tenter, soutenus par une force que l'expérience décuple au quotidien, enrichie par les gadgets électroniques dont ils sont si friands. De leur âge ancien, ils font une bombe d'insolence et de vertige. Ce fut un curieux marathon. Je courais après ceux qui parfois ne pouvaient plus se déplacer. Ils me disaient « viens me voir » et ils s'envolaient avant le rendez-vous. Je tricotais quelques lignes, avec la sensation qu'écrire, c'était les rencontrer une dernière fois. Ils prenaient de la place, ils prenaient leur temps. Quand ils étaient là, c'est qu'ils n'étaient pas ailleurs, sans laisse numérique, sans bip, sans spam, sans tout ce qui fait de nous des inquiets fragmentés et irritables. Ils font partie des derniers de ce monde à pouvoir soutenir une conversation plus de trente minutes sans regarder leur boîte de messages. J'ai eu envie qu'ils me racontent leur voyage, leurs malles, leur vie, leur maison, leurs convictions, tout ce qui les ont aidés à traverser des décennies. Ils sont comme des torches allumées dans la nuit. Je voulais qu'ils me montrent le chemin dont j'avais perdu la trace.

Vivre, c'est renaître chaque jour, dit la Bible. Renaître, c'est pour moi me souvenir. Et ne pas se souvenir, c'est s'offrir à la mort. Je redoute ce monde soumis à l'arbitraire des chefs de produit qui ne jurent que par les floraux tendres pour des femmes « assumées » mais qui ne font pas « peur ». J'écoute, un peu ahurie, sur France Inter, le jeune leader de ce groupe d'électro dire : « Les gens veulent des choses caressantes, des pansements… » Les libraires ne sont pas épargnés. « Avez-vous des romans gais, des romans qui se terminent bien ? » leur demande-t-on souvent. Avec la crise, il faut bien un peu de bonheur, et le bonheur, ce serait donc de tout oublier, à commencer par la crise, terreau de toutes les haines et de toutes les dérives identitaires. Préférer *Les Misérables* à *Fifty Shades of Grey* et Tolstoï à Foenkinos, serait-ce un péché de sénilité ?

Si les vieux m'attirent tant, c'est qu'ils semblent vivre dans plusieurs mondes. J'aime les regarder faire leurs longueurs dans les piscines municipales. A la différence des plages qui surexposent les flétrissures du temps, les bassins effacent, allongent, entretiennent l'idée que le corps est la forme la plus aboutie de la volonté.

Les Affranchis n'ont plus d'âge, là où les jeunes n'ont que lui. Ils sont à la fois les messagers d'hier et les irréductibles d'aujourd'hui. S'ils n'ont plus le temps de se tromper, ils pratiquent allégrement les chemins de traverse, en marathoniens du temps, dopés par leur foi inébranlable dans le futur.

J'aime particulièrement les vieux de Manhattan. Ces vétérans en sneakers m'attirent parce qu'ils n'ont pas renoncé, ils sont sur scène, plutôt que dans les coulisses, ou dans la salle. Ils sont *on stage, on duty*, au même titre que les marathoniens de Central Park, qui courent, nains, obèses, difformes ou musclés, pour le seul plaisir de participer. Les vieux ne sont pas des êtres à part remisés dans l'*outlet* de la vie, encore moins des personnalités de cérémonie et d'occasion. Ce sont des jeunes avec des cheveux gris, comme les gros sont des maigres enrobés, et les riches, des pauvres avec un solide compte en banque. Ils n'ont rien, pas de leçons à transmettre, en dehors de cette énergie qui les rend uniques, individuellement animés d'une rage silencieuse et déterminée sous leur casquette de *baseballer*. Leur passion, c'est la vie, un match auquel ils participent avec une candeur sans limite. Ils sont toujours ses serviteurs, capables de lancer aux yeux du monde : « *Hey guys ! You know what, I'm ready !* » (« Hé les gars ! Vous savez quoi ? Je suis prêt ! »). Eux, les princes de l'entertainement, enfants féroces et joueurs. Des rois à la voix éraillée par les cigarettes, qui surveillent leur corps élastique, chaussé de baskets ou de souliers, selon les occasions. Vieux formidables que la mélancolie n'a pas souillés. Ici, un couple à l'âge incertain dînant sans un mot, identiquement vêtu d'un tee-shirt noir, juniors *oldies* de Manhattan, un samedi soir chez Serafina. Là, une paire de copains conversant, seuls, sur Bleecker Street, un jour de pluie forte, jour de passage de l'ouragan Sandy. Cette semaine-là, la ville s'est courbée comme un enfant poli devant son aîné. Comme un corps à l'agonie, elle s'est vidée, ne laissant que les sacs de sable posés devant les devantures closes pour empêcher les terribles assauts de Sandy. En quelques heures, New York avait vieilli prématurément, le silence devenait plus lourd et plus oppressant que jamais, on attendait la fin du monde, et eux ironisaient, derniers témoins de cette métropole dévastée par la peur, ces tours fantômes et silencieuses, finalement bien plus vulnérables qu'eux.

Je pense encore aux vieux hilares et figés dans la pénombre du Carlyle, attablés devant leur Hudson Valley Foie Gras Torchon ou leur Maine Lobster Thermidor qu'ils étaient les derniers à déguster, une grande serviette blanche nouée autour du cou, dans la lumière languissante d'un salon privé. Il suffisait de pénétrer dans la salle pour se sentir là comme un intrus. Un monsieur âgé se frayait un passage en disant « *Sorry* ». C'est étrange d'être bousculé par un homme qui boite, sûr de son chemin, maître d'un empire miniature. Un autre attendait à l'entrée, impassible dans son duffle-coat miel et ses gants blancs, assis sur une chaise roulante comme sur un trône. Autour de ces grabataires bienheureux, les compagnes étaient maigres, araignées picorant leur salade de truffe à la lueur des abat-jour cramoisis. Dans ce palace aux murs bleu Wallis, pareils aux tentures à roses Pompadour, les années cinquante semblaient ne jamais devoir se terminer. Parce que leur jeunesse possède celle de tous les recommencements, ils sont condamnés à espérer sans fin. Chaque jour efface l'autre. Loin, très loin de cette Europe traumatisée par un passé générateur d'angoisses, de colères et de peurs, le présent a raison de tout. Là où, chez nous, le spectre de la mort enfonce ses ongles noirs dans ces innombrables « après » voués aux moisissures, les vieux de Manhattan, envahis par les cafards et les rats, veulent tout vivre jusqu'au bout, ne pas rater une séquence du film, fût-il le dernier, participer à tout, être là, pour toujours, puisque chaque minute est une promesse, une nouveauté. *The show must go on*. Sur les écrans, les ravages de l'ouragan se déplaçaient comme des tumeurs digitales, enflammant la côte Est où des milliers d'habitants avaient dû être évacués. C'étaient des spirales, puis des boules rouges et vertes s'épaississant de part en part, dragons de l'alerte maximale. Ils étaient restés, malgré les colères de l'Hudson River, le mur de brouillard, les effrayants remous de l'eau boueuse. Eux avaient décidé que le gris serait rose. A un certain moment, les vieux ne vieillissent plus.

Un homme entre tous incarnait cet idéal, Jack Beers, un héros de 94 ans à qui une télévision locale avait consacré un documentaire. Originaire du Lower East Side, il avait grandi dans un appartement sans eau chaude, sans chauffage, et dont les *waters* étaient communs à quatre familles. Un jour, le jeune garçon qui vendait des journaux dans la rue à 10 ans est devenu l'adolescent le plus fort de New York. Son père lui avait seulement dit : « Quoi que tu fasses, sois le meilleur. » Qu'il ait eu plusieurs vies ne l'a pas empêché de rester le même ; avec ses yeux rieurs dévorés par des joues mal rasées à la Zampano dans *La Strada* de Fellini. Il avait participé à la construction d'Oak Ridge dans le Tennessee, et à celle du Radio City Hall. A 94 ans, il pouvait encore déchirer en huit un annuaire ; ses mains semblaient s'être élargies, tandis que son corps se tassait. On aurait dit un lutin avec des gants de base-ball. Avec l'âge, il se déplaçait d'un pas traînant, mais ses chemises vert pomme et ses pantalons rayés lui ont longtemps donné un air d'elfe excentrique, toujours prêt à se lancer de nouveaux défis, comme casser une planche de bois, ou se mesurer avec les culturistes de rue suspendus aux barres de métal rouillé des aires de jeux de Manhattan. On l'avait aperçu dans *Bananas* de Woody Allen, aux côtés de Meryl Streep, Jon Voigt et Shirley MacLaine. Sa vie aurait pu se poursuivre pendant cent ans, il aurait gardé le même rire, boxant l'air, fidèle à sa devise : « Souriez au monde, il vous sourira. » Rien ne semblait l'atteindre, mais comme les tours jumelles, il pouvait aussi s'écrouler. Ce qu'il fit, lorsqu'il parla de son épouse, ravagée quelques mois plus tôt par un cancer foudroyant. L'amour avait été le moteur de sa vie. Devant l'écran, il se décomposa et, dans ses yeux baignés de larmes, j'aperçus, maudite, l'étreinte de la mort.

J'ai lu des livres sur la sagesse éternelle, achetés en solde chez Mona Lisait. J'ai souri en soulignant la blague sur le centenaire pédophile dont parle Jean Rolin dans *Le Ravissement de Britney Spears*, pleuré, avec Delphine de Vigan, quand elle parle du suicide de sa mère, qui voulait « mourir vivante ». Nos rides ont beau être *comblées*, l'inquiétude nous dévore. Patrick Besson, dans un éditorial du *Point*, se compare ainsi à un « prisonnier évadé ». « On s'amuse sur une plage bretonne avec une amie de notre âge : 2 ans et demi. Une minute plus tard, on se fait poser un dentier par un dentiste de notre âge : 70 ans. Il faut mettre un terme, par tous les moyens, aux phénomènes de ce genre. »

Le passé est devenu une poche en trop, un cerne, une surcharge pondérale de l'Histoire. Pour rester jeune, il faut l'effacer, mincir, comme si le disque dur ne pouvait pas tout contenir. Parce qu'ils multiplient les opérations esthétiques, certains se croient dispensés de toute confrontation avec eux-mêmes. Je me cogne en permanence contre les parois aseptisées d'un monde où seul le jour J est roi. Un créateur de mode me racontait récemment qu'une blogueuse américaine lui avait demandé si Balenciaga était un homme ou une femme. « *How could I know ? I wasn't there* » (« Comment aurais-je pu le savoir ? Je n'étais pas là »), lui dit-elle, pour justifier son ignorance.

Pourtant, les « vieux » ne se cachent pas. « Les *silver models* sont partout », annonçait *Elle* à la rentrée 2012. De Carmen Dell, Orefice à Daphne Selfe, 83 ans, invitée à se produire chez Dolce & Gabbana, les mannequins aux cheveux gris ont investi la planète médiatique. Iggy Pop au visage raturé de rides pose pour la marque Eleven, Jacqueline Tajah, une ancienne danseuse de 82 ans, se glisse dans un ensemble vert techno de Lanvin : Steven Meisel aurait pu la prendre pour sa grand-mère. De quoi nous parle-t-on ? D'héritage ? De transmission ? Dans son urgence à défier le temps, la mode a anéanti autour d'elle toute forme d'humanité durable. Dans les défilés, il arrive qu'on ne reconnaisse plus une personne que par sa voix, tant la chirurgie l'a métamorphosée. Les rythmes raccourcissent, les collections capsules se multiplient, il faut une parade, des garde-fous, et les vieux, que la *franchise* politiquement correcte a *upgradés* en seniors, s'imposent comme les meilleurs produits culturels. Un blogueur a même dédié son site « Advanced Style » à des personnalités du troisième âge, parées comme des oiseaux de collection. Sous le label Karst & Co, Fanny Karst s'est inspirée de « Help the Aged », cet air des Pulp, pour créer des collections à l'usage de « dames très cool », qu'elle refuse de considérer comme « des personnes âgées ». « Je conçois des vêtements pour elles, en sachant que leurs filles auront plaisir à les leur emprunter. » En prélude au lancement de ce sportswear chic, la Française issue de la St. Martin's School a même conçu « The Old Ladies Rebellion », une ligne de sur-mesure. Il y aura treize fois plus de centenaires en France en 2060. Au Japon, les plus de 65 ans formeront bientôt 40 % de la population, contre 23 % en 2012.

Les livres de vétérans se vendent bien. Edgar Morin, Stéphane Hessel ont compté parmi les best-sellers de 2011. Sachets mémoire à avaler sans eau, pour cure de sagesse express. Les apparitions cathodiques de ces vieux élégants relaxent nos âmes sous tension. Ils sont là, sur toutes les ondes. Les vieux de scène dont l'Histoire cultive les formules chocs. Les vieux pantins qui décrochent les étoiles d'une postérité que le présent nous refuse, à nous, les presque séniles, les jeunes anciens. Nous qui nous trouvons vieux à 40 ans, qui avons fait du Botox un post-it cosmétique, et qui cherchons à retrouver ce que les instants nous confisquent chaque jour. Les vieux montrés du doigt, retraités au soleil, seniors intouchables qu'on célèbre comme les chênes d'un parc classé. Les vieux tout neufs puisque chaque jour est pour eux une découverte, Alzheimer oblige. Les vieux bienheureux, vieux de toujours. Les vieux en pyjama, ceux qu'on oublie avec leurs bobos, leur incontinence, leurs genoux flasques, leurs pieds enflés, leurs colères. Presbyacousiques, prostateux, coloscopiques, hypertendus, angineux et sales. Les vieux à tuyaux, perforés par des ulcères en pagaille et secoués par des tremblements sans fin, intellectuellement et physiquement déficitaires. Vieux. Se dit aussi *decrepito* en italien. *Vetus* en latin. *Biyedo* en maya yucatèque. *Caduce* en catalan. Ces vieux sans voix, pestant contre les infirmières, contre le temps, contre tout, ceux qu'on ne veut plus voir, plus entendre. Comme cette actrice que j'ai longtemps observée chez le coiffeur et qui exigeait, menaçante, que telle shampouineuse, et pas une autre, lui lave les cheveux. Avant de se radoucir, dès les premières senteurs de rose artificielle.

Les vieux sont partout, mais le monde n'a qu'une envie : les faire disparaître, comme les rides que les dermatologues promettent d'effacer. Si nous ne sommes pas vigilants, ils nous envahiront. Avec leurs mauvaises odeurs, leurs terribles menaces, et tout ce qu'ils font peser sur nos existences précarisées. A vingt ans, nous n'avions pas assez d'expérience, à quarante, nous étions surqualifiés pour l'emploi, à cinquante ans, nous sommes inadaptés aux nouveaux enjeux numériques, à soixante-cinq ans, ils sont les *senior citizens*, les militants de la jeunesse éternelle. Nous avons grandi à l'ombre des vieux des parcs et des vieux de contes de fées, les vieux amers et racornis des récits et légendes du monde, hideux débraillés, sans dents et sans cheveux, dont les descriptions inspirent dégoûts et cauchemars. Flambeaux chancelants et plaintifs, carcasses usées et sans promesse, ce sont aussi les vieux bouffons dont Molière a repris les traits inspirés par la *commedia dell'arte*. Pantalone et Harpagon ont en commun ce corps d'une sécheresse extrême, félins félons au cœur racorni, et dont la présence courbée, maladroite, parfois pathétique, tranche avec l'innocence des amoureux, la verve amusée des valets et des dames d'intrigue. Ces vieux-là sont l'incarnation sur Terre de Satan, son ombre démultipliée et macabre. « Et nous faisons horreur aux petits enfants que nous voulons aimer ! » écrivait Baudelaire dans « Le désespoir de la vieille ». Combien de fois n'ai-je pas voulu disparaître lorsqu'une octogénaire, annoncée comme celle « qui m'avait vue au berceau », me prenait le visage de ses doigts bleus et squelettiques ? Du père Goriot, peint par Balzac, j'ai encore en tête l'image d'« un vieux libertin aux cheveux d'un gris "sale et verdâtre" : « il devint progressivement maigre ; ses mollets tombèrent ; sa figure, bouffie par le consentement d'un bonheur bourgeois, se vida démesurément ; son front se plissa, sa mâchoire se dessina ».

A ces héros vacillants et blafards, notre époque oppose la plénitude des retraités contraints à la forme obligatoire. Ils seraient de plus en plus nombreux, rescapés d'une course sans but dont nous sommes, depuis une décennie, les victimes consentantes, bouffeurs de Smartphones et intoxiqués de l'iPad condamnés à observer le spectacle des albatros qui désormais prennent le plastique pour des méduses.

Parce qu'ils sont seuls, certains ont survécu. Une lumière brille en eux, plus forte que tout. Cette solitude, les artistes savent la faire mûrir comme un fruit rare, jusqu'à la fin. De la chaise à porteurs remplaçant les jambes artificielles vite abandonnées, Sarah Bernhardt fit un trône, son corps mutilé enveloppé de velours. « Sous la décrépitude peinte et fanfreluchée de la vieille comédienne, brûle un inextinguible soleil », racontera l'actrice Béatrix Dussane, dans *Reines de théâtre*. En incarnant, à 72 ans, un jeune soldat blessé vêtu d'un uniforme déchiré et taché de sang, Sarah Bernhardt, le monstre sacré, redevient l'héroïne suprême ; elle flotte au-dessus de la scène, magistrale, telle la doña Maria de Neubourg, la reine d'Espagne de *Ruy Blas* choisie, quelques décennies plus tôt, par Victor Hugo. Sa perruque blonde prend l'éclat de ce petit diadème en dentelle d'argent, dont Proust a immortalisé la lumière sous les traits de la Berma : « autour de l'œuvre, une seconde œuvre vivifiée par le génie ». « Sarah Bernhardt avait tenu tant de rôles d'impératrice ou de reine, qu'à la fin de sa vie elle lançait des remarques à la cantonade, à l'adresse d'une cour inexistante », s'est souvenu James Agate, le fameux critique dramatique du *Guardian* de Manchester, puis de la *Saturday Review*. Son isolement ne trouvait grâce que dans le don de soi au public, fût-il absent. Sur son lit d'hôpital, celle qui avait de nombreuses fois incarné la Morte, couchée dans un cercueil, semblait jouer le rôle de l'opérée. Les tournées continuèrent. A 76 ans, l'actrice retrouva son propre théâtre pour jouer dans une nouvelle production d'*Athalie*. Au lieu de trois représentations, il y en a eu dix-huit. Le secret se cache là, au fond du fond de ces vétérans parcourus d'une énergie extraordinaire, hommes et femmes de scène, artistes et rêveurs. Ils en sont à l'heure de l'accomplissement total, au-delà de tous les défis, de toutes les douleurs éprouvées, de toutes les souffrances infligées à leur corps malade.

La première année de notre existence, nous fêtons les anniversaires chaque mois. A partir d'un certain âge, l'âge disparaît, le temps des bougies s'efface.

« J'entrerai dans l'oubli, écrit Siddhârta, je plongerai dans le cycle des métamorphoses ardemment désirées. » Rembrandt est sans doute le peintre qui a le plus consacré d'œuvres à la vieillesse. L'artiste n'avait que 52 ans lorsqu'il réalisa son autoportrait, qui fait aujourd'hui partie des splendeurs de la Frick Collection à New York. Sous son calot de velours flottant comme un nuage noir, il évoque le souverain d'une *Terra incognita*, nous dévisageant d'un regard presque accusateur. Il semble avoir franchi une ligne imaginaire, immobile dans son pourpoint d'or, ses mains étrangement monumentales, d'autant plus grosses qu'elles ne peuvent étreindre le temps, en fuite.

En 1912, Pierre-Auguste Renoir choisit de peindre plutôt que de marcher. « Il se rassit et ne se leva plus jamais. A partir de cette importante décision, ce fut le feu d'artifice de la fin. De sa palette de plus en plus austère s'échappaient les couleurs les plus étourdissantes, les contrastes les plus audacieux. C'est comme si tout l'amour de Renoir pour la beauté de cette vie dont il ne pouvait plus jouir physiquement eût jailli directement de tout son être torturé. Il était rayonnant, au vrai sens du mot. J'entends que nous avions la sensation que des rayons émanaient de la caresse de son pinceau pour la toile. Il était libéré de toutes les théories, de toutes les craintes (...). Tout ce qu'il avait acquis de connaissance dans sa poursuite de la vérité, dans son effort incessant pour percer les déguisements accumulés par la sottise des hommes, tenait dans sa main, comme un trésor immense concentré en un seul joyau, en une sorte de lampe d'Aladin. Aussi marchait-il à pas de géant vers le sommet où l'esprit et la matière se rejoignent, sachant fort bien d'ailleurs qu'aucun homme vivant n'atteindra jamais ce sommet[1]. »

Démiurges, ils le sont devenus. Au-delà de tous les dangers, de toutes les critiques, de tout ce qui aurait pu entraver leur volonté de fer. Ce ne sont plus des rêves, mais des défis. « Les peintres sont parmi les chercheurs de pierre philosophale ceux qui approchent le plus naturellement du secret universel, écrit encore Jean Renoir. De leur importance dans la vie moderne. Je veux dire les vrais peintres, les grands. Les savants, comme les peintres poursuivent le secret de la vie. » C'est ainsi que Renoir aux doigts déformés par la maladie appliquait sur la toile une petite pointe de blanc, pas plus grosse qu'une épingle, afin de marquer un reflet. « Jusqu'au dernier souffle, son bras demeura ferme comme celui d'un jeune homme. »

Les années quatre-vingt-dix avaient tout leur temps. Celles que nous vivons au jour le jour ne semblent

1. Jean Renoir, *Pierre-Auguste Renoir, mon père*, Folio-Gallimard, 2004.

plus protégées par aucun filtre. Le règne de l'instant a tout vaincu. Laure Manaudou annonce sa retraite en même temps que sa deuxième grossesse. Pré-collections, croisières, pré-fall, la mode vit à l'heure de l'*entertainement*, d'un *reality show* en boucle. Dealers d'image, les consultants règnent en maîtres. Les voici qui injectent, deux à quatre fois par an, des doses miracles à des marques en quête de réenchantement. Leurs services tarifés effacent les rides d'expression et promettent une nouvelle identité visuelle. Il faut désormais gonfler artificiellement les traits, jusqu'à la prochaine saison, à l'éventuel repreneur. Opportunisme à tout-va ; tout aspirer, tout prendre, tout mélanger. Ne retenir de l'Histoire qu'une collection de signes, pour des copiés-collés en pagaille.

En 2011, j'ai fêté mes cinquante ans. Je suis passée de l'autre côté. J'ai décidé de vivre, de « faire attention » comme on dit. Et de consacrer un livre à ces Affranchis, comme pour apaiser une souffrance. Pour chercher le mystère de leur longévité qui aimanta les rêves les plus fous, les contes les plus ensorcelants, les défis les plus improbables et quotidiens. Percer le secret de ceux qui ont contourné les obstacles, bougent, vivent, s'agitent, seuls, au-dessus des cendres de leurs cadets. Les Affranchis ont choisi de pratiquer, chacun à leur manière, ce que les Japonais appellent le *Rinyoku*, littéralement le « bain d'arbres ».

« Quand vous plongez dans le monde végétal, vous revenez au ventre maternel. Le cocon. Le refuge. Je n'ai plus à réfléchir et à me demander si le ciel foisonne de planètes habitables et habitées », philosophe l'astrophysicien et cosmologue Hubert Reeves, à 81 ans. Pour certains, les branches des arbres sont des mots, pour d'autres, des images, elles s'élèvent, tendues vers le ciel radieux qu'ils fêtent chaque matin. La passion fait d'eux d'infatigables observateurs aux yeux pareils à une nuit d'étoiles. J'écris sur eux pour dire à ceux que j'aime : ne partez pas. Comprenez ce qu'ils sont devenus, mais restez ce que vous êtes.

Marceline Loridan-Ivens

Pourquoi commencer par elle ? Sans doute parce qu'elle est le feu, on croit la regarder, et c'est elle qui vous attrape avec ses yeux affamés de tout. « L'œil contient tout l'univers », écrivait Maupassant dans *Le Horla*. A 84 ans, Marceline arbore sa tignasse auburn, un style capillaire élevé au rang de signature : « Je suis donc née rouquine, gauchère, juive, et sous le signe du Dragon.... » Rouge, comme cette plaie qu'elle porte, qui ne se refermera jamais, et qu'elle partage avec les 140 survivants d'Auschwitz-Birkenau, trace d'autant plus indélébile en eux qu'elle s'efface dans le regard des autres. *Stück*. En allemand, le mot signifie « morceau », « figurine ». C'est ainsi que les SS traitaient les juifs, « vous êtes des *Stücke* ».

S'ils n'avaient pas été rouges, ses cheveux auraient sans doute été blancs. Lisses comme les gants d'une communiante, sages comme ceux d'une vieille dame qui arrose les hortensias roses de son balcon, sourit au printemps. Mais voilà, ses mèches flambent au naturel, chargés d'une force inédite, presque magnétique, rebelles, incoiffables, dressées dans tous les sens, comme au sortir d'un cauchemar d'enfant dont elle tait le nom. Il fait chaud, mais Marceline fait partie de ceux qui vous demandent : « Vous êtes assez couverte ? » Douleurs, chagrins, nous nous présentons. Il me semble que nous nous connaissons depuis toujours, elle est sans l'être de ma famille, de tous les disparus, dont l'absence est pour ceux que nous sommes, un indicible fardeau. Là où d'autres pleurent leurs morts, nous pleurons l'absence de deuil, ces vies arrachées, parties en fumée, ces enfants, ces grands-pères, ces cousines, ces millions de vies réduites en cendres. Arithmétique de l'horreur tatouée à jamais sur l'avant-bras de Marceline. Certes, les chercheurs et les historiens ont rompu le silence et la honte en reconstituant ces vies pour les faire redevenir des individus, des hommes, des femmes, des enfants d'avant les wagons à bestiaux. Mais au-delà des listes, des commémorations, des monuments, de tout ce qui continue d'être fait pour accompagner le devoir de mémoire, le trou est là, béant, mais caché au fond des yeux de ceux qui en sont revenus, hantés par les cris des femmes qui ne voulaient pas mourir, et le bruit des camions « qui les emportaient dans la nuit ». « Souffrance de l'oubli, brume de l'oubli », a écrit Marceline Loridan. A Birkenau, la terre, pleine d'os calcinés – 1,2 million de morts – ne craque pas, parce que l'herbe a poussé au cœur de cette campagne riante, dont les paysans ignorent tout, comme ils ignoraient, soixante-dix ans plus tôt, que les fumées étaient celles des fours crématoires. À la souffrance physique ont succédé la douleur du néant et la folie des souvenirs qui s'effacent, disparaissent dans la nuit des temps. Que reste-t-il de ce complexe concentrationnaire, ses barbelés, ses potences, ses miradors ? De noir, le ciel est devenu bleu, limpide, formant avec la nature le balcon des heureux de ce monde.

Le soleil dodeline au-dessus de la Seine. Marceline me propose du jus de grenade, qu'elle mélange avec de l'eau. Sur la table, un bouquet de roses un peu chétif éclaire la conversation. « C'est ma petite sœur qui me l'a apporté hier, le 10 mai, c'est le jour de ma libération. » Aujourd'hui, nous sommes le 11, le jour du suicide de son frère. Marceline, Petit Poucet de l'Histoire, sait tout de suite ce que je cherche. « La force vitale ». « La plupart des gens en ignorent tout, parce qu'ils n'ont pas eu à s'en servir. La force vitale, c'est tenir cinq minutes de plus que les autres, tout faire pour ne pas perdre la tête. C'est ce qui vous aide à tout surmonter. Un instinct de vie plus fort que tout. » Marceline a oublié les plaies et les blessures qui ne guérissent pas. Elle se défend d'être une déportée. Elle dit qu'elle est d'abord une survivante. Elle aime la vodka et les passiflores. Elle prend son café et ses médicaments pour les yeux dans sa petite cuisine inondée de soleil. La mort est là, qui rôde autour d'elle, tantôt sorcière, tantôt ogre, aspirant les voix de tous ceux qu'elle a vus tomber, sous les coups, les aboiements des chiens.

En avril 1945, quand les Américains se sont trouvés à moins de vingt kilomètres du camp, Marceline affirme que les SS ont été pris de panique. Il fallait évacuer. Alors elle s'est cachée dans un cercueil, tête-bêche avec une copine, Renée. Les Allemands les ont retrouvées, battues, jetées dans le wagon des typhiques. « Quand le train s'arrêtait, nous essayions de récupérer l'eau des machines, nous cherchions des pissenlits dans l'herbe. » Renée est morte, Marceline a survécu et se demande encore : « Comment ai-je tenu ? Je ne sais pas. Par chance ? Par force intérieure ? » Les années ont passé, chaotiquement rythmées par un agenda à reconstituer, avec des heures, des dates, des rendez-vous. D'autres routes à construire que celles qui menaient vers le crématoire. Une vie possible sans wagonnet et sans la peur de succomber au gaz. Mais peut-on échapper à de tels trous noirs ? Marceline a commis deux tentatives de suicide. Elle se souvient qu'il y a quelques années, ils étaient des centaines au Lutétia, à se rendre chaque premier jeudi de chaque mois au dîner des « Anciens ». Dans ce lieu où ils s'étaient fait désinfecter au DDT, avaient dormi au pied des lits dans lesquels ils n'arrivaient pas à s'allonger, ils reviennent, tels les pèlerins de l'enfer : « Nous occupions tout le bas de la brasserie. Désormais, nous ne sommes plus qu'une vingtaine. » Elle résume : « On paie 23 euros le repas. Une entrée. Un plat. Un dessert. » Marceline a un appétit d'oiseau. On dirait qu'elle n'a pas grandi. Même son prénom est resté celui d'une petite fille. Mais elle se promène toujours avec du pain dans son sac. Au cas où. Dans ses yeux, on peut encore voir l'effroi qui ne l'a pas quittée depuis cette nuit du 29 février 1944, le jour où ils sont venus : la Milice française de Bollène et d'Avignon, et la Gestapo « toute fringante en noire ». Elle n'a pas eu le temps de s'habiller, elle a vu son père se faire rouer de coups, elle avait 13 ans, l'âge où elle commençait à rêver d'amour ; elle est partie avec sa petite valise, et, à l'intérieur, son trésor le plus précieux, celui que lui avait réservé sa mère pour son mariage, une robe de chambre blanche. La dernière image d'un bonheur confisqué, avant les poux, le froid, la soif, l'écuelle d'eau noirâtre que les chefs de block annonçaient chaque matin en hurlant : « *Kaffee holen* ! » (« Café au lait »).

Elle dit « Tout le monde meurt ! » avec un léger ton de reproche insouciant. Elle a tellement fréquenté la mort qu'elle est devenue presque insensible à ses propres souffrances. Elle revient de la planète des cendres, d'un monde réduit à l'absence de tout. D'une cuiller. D'une brosse à dent. D'un bout de chiffon pour aller aux toilettes. « Nous, on vient du rien. Du plus rien. » A l'âge où d'autres se courbent, elle redresse la tête, au risque de la faire tomber la première. En 2000, elle a décidé de porter à nouveau son étoile de David autour du cou. Elle qui avoue avoir voulu « mettre de côté ses racines », se faire appeler Loridan, à la place de Rosenberg, sait que tout peut recommencer. Elle me raconte que, il y a quelques mois, elle a dégringolé dans l'escalier du Cinéma des Cinéastes. « Il y avait du sang partout ! » Elle n'a pas voulu aller à l'hôpital. « Je suis dure avec moi-même. Mais pas autant qu'avec les autres. »

Certains lieux lui font peur depuis toujours, surtout depuis cette jeunesse qu'elle tient serrée comme un caillou noir en elle, avec la hantise de tout perdre. « J'ai le sentiment que ce qui m'est arrivé n'est pas passé, que c'est toujours le présent. Même quand je n'y pense pas, j'y pense. » Elle n'a jamais pu aller dans un hammam, ne supporte pas l'accumulation des corps nus. L'idée de la douche lui a longtemps fait peur, et les méchants rêves ne la quittent pas. « Là-bas, je pense que j'avais des cauchemars, mais je ne m'en rendais pas compte. On était épuisées et affamées. La première semaine, on a encore des réserves, et puis elles s'amenuisent. Les souvenirs de la vie d'avant s'estompent. On perd le visage de sa mère. On a envie de mourir et on fait tout pour survivre. A quelques mois près, personne ne serait revenu… »

Vivre, c'est accepter ces phobies quotidiennes : les rails, les wagons, les cheminées. C'est se réveiller parfois en hurlant. Avec des images en tête. Les kapos, les gardiennes de portes armées de bâtons. La sélection. Et ces souvenirs : se cacher sous une planche, en montant sur une brique, se laisser soutenir par une amie, au moment de l'appel. Et creuser. Creuser pour les autres. Les 460 000 Hongroises gazées en trois mois. « Le pire c'est d'avoir été un artisan de la mort des autres. » Elle n'a jamais été croyante. La seule fois où elle a fêté Kippour, c'était justement à Birkenau, en octobre 1944. En s'offrant le luxe de jeûner, alors qu'elle était affamée. « On n'avait pas de date. C'était un réflexe de dignité. » Elle me raconte une « histoire de camp » : « Deux juifs déportés discutent. L'un est religieux, l'autre non. Le premier dit : "Quel bonheur j'ai d'être là où je suis !" Le deuxième lui répond : "Mais tu vois bien que nous vivons l'horreur !" Le premier lui répond : "Je préfère être à ma place qu'à celle de celui-là." Et il désigne du regard un SS… »

De cette vie confisquée, elle a fait un livre, *Ma vie Balagan* [1], et un long métrage, *La Petite Prairie dans les bouleaux* (2003), présenté comme un « film de fiction » et dans lequel l'héroïne, incarnée par Anouk Aimée, revient « chez elle », au camp. « On a survécu

1. Robert Laffont, 2008.

parce qu'on avait la vie plus accrochée au corps que les autres ? Ou parce qu'on a laissé les autres mourir à notre place ? » La question demeure, obsessionnelle et redoutée, éblouie par la lumière trop vive d'un printemps tout neuf, qui efface tout et brouille les pistes : « On creusait près des cuisines, ou derrière les crématoires ? » Déambulation dans les blocks, Cracovie avec son faux café juif pour pèlerins américains, son panneau MUSÉE BIRKENAU, qu'elle barre à la craie, pour le remplacer par CAMP, ces entrepôts désaffectés, dans lesquels une visiteuse avoue « ne rien éprouver ». A la douleur du retour s'en ajoute une autre, celle du passé qui se dérobe. Son sourire retient tout, on dirait que ses yeux s'allument au-dessus d'un gouffre. Ce qui frappe chez elle, c'est l'intensité de son regard, qui absorbe tout son être, réduit à ce corps qu'on dirait presque sans chair. Un regard immense fixé sur un petit corps de 84 ans dissimulé sous un grand tailleur noir. Chez elle, la cuisine et le salon ne font qu'un, encastrés comme dans une grande caravane au-dessus de la Seine. La lumière traversante semble faire flotter tous les livres, les objets, la cafetière, dans un aquarium de cristal où les napperons, les chandeliers remplaceraient les arbres miniatures et la végétation d'un petit paradis aquatique ; ce confort ménager étouffe la possibilité d'un cri. « Vivre, c'est prendre de la distance, c'est lutter. »

J'avais décidé d'écrire ce livre sans me douter qu'il se retournerait contre moi. Comme si tous ces vieillards formidables n'étaient qu'illusions, mirages, au cœur d'un été d'une violence extrême. Ce fut d'abord l'hospitalisation de ma mère, à la Pitié-Salpêtrière, pour une myasthénie sévère, maladie auto-immune née d'un dérèglement de la transmission des nerfs et des muscles. Au début, on compte les jours. Un, puis deux, puis trois… Ensuite, ils s'effacent, il n'y a plus que les heures, le petit déjeuner à 6 h 30, le déjeuner à 11 h 30, le dîner à 18 h 30, les visites autorisées entre 12 heures et 20 heures. L'attente et le silence. L'isolement. L'administration à hautes doses de stéroïdes aux effets dévastateurs. L'angoisse emmurée. La solitude qui lui fit dire un jour : « Je ne suis plus qu'un bloc de misère. » Seule, puis avec une autre femme, mais sans « rideau séparateur ». Pavillon Paul-Castaigne. Ce nom résonne en moi comme l'écho d'une lutte. Un combat pour y arriver. De son petit guichet du 83 boulevard de l'Hôpital, un fonctionnaire tend au taxi une feuille sur laquelle est dessiné un véritable labyrinthe surligné de rose. Descendre la « rampe », première à gauche, tourner encore à gauche. L'hôpital est une ville dans la ville, plutôt une ville de province, avec ses rues désertes, son église, ce parc de la Hauteur, la cour Lassay et la cour Mazarin derrière lesquelles de vilains bâtiments datant des années soixante se dressent, que l'on appelle tantôt des « pavillons », tantôt des « divisions ». L'hôpital, c'est cette population étrange, faite d'hommes et de femmes en blanc, d'autres en bleu marine (les aides-soignants), de malades enfin. Rares sont ceux qui en sortent, les plus chanceux ont des déambulateurs, les autres se déplacent en chaise roulante, j'en ai même vu un fumer, avec sa perfusion, à l'ombre d'un platane dégarni. Pavillon Paul-Castaigne ; on peut aussi y accéder par le boulevard Vincent-Auriol, mais c'est un véritable jeu de piste qui commence. Castaigne sous le soleil qui castagne, avec en mémoire l'époque d'avant les tranquillisants et les neuroleptiques, et celle, pas si lointaine, où les « patients », présentés au « patron » deux fois par semaine, subissaient des électrochocs, chacun devant attendre son tour derrière un paravent pour sa séance de sismothérapie ambulatoire. Canicule. Deux grands pots fleuris ont résisté à la désolation générale. Celle qu'annonce l'entrée, au sol couleur de vin renversé sur le lino, avec, à gauche, les ascenseurs en métal, assez grands pour recevoir des lits, et en face, les distributeurs. Le panneau lumineux représente un grand torrent ensoleillé dont l'image contraste avec les ficus aux feuilles poussiéreuses, les fauteuils de relaxation défoncés, les intitulés des menus, tout ce petit ordinaire d'un univers où la médecine de pointe s'exerce dans un décor de pays sous-développé ; où il manque des draps, des alèzes, du temps, du personnel. Si la mort y est évitée à chaque seconde, parce qu'on y sauve des « cas », la dimension humaine passe, malgré tout l'héroïsme du personnel, après des priorités : raccrocher un tuyau, mettre en place un cathéter, poser une sonde, brancher une dialyse rénale, prendre une tension. Les tâches administratives, la rédaction des comptes rendus d'exécution et le remplissage du cahier de liaison laissent peu de temps, après une heure de tournée dans le service pour s'occuper des uns et des autres, et faute d'effectifs, pour venir changer une couche pleine d'urine depuis plus de deux heures. Que m'avait caché la vie, pour que je découvre là, devant le spectacle de ces corps nus sous leurs draps jaunes, corps à la peau distendue, plissée, bleuie par les intraveineuses, la vieillesse dans toute son infamie – c'est-à-dire la vraie dépendance ? L'horreur de ce dimanche après-midi au cours duquel un infirmier refusa « par principe » de mettre ma mère « au fauteuil », car la demande n'avait pas été validée par l'interne de garde – introuvable – et ce, en dépit d'une sévère menace de phlébite. Mes parents sont tous les deux médecins, mais, dans cet endroit, leurs 80 ans d'expérience cumulée ne servaient plus qu'à irriter l'infirmier. Couchée, ma mère était une malade, pas une praticienne. Il fallait chaque jour que la flatterie se mêle à tous les grognements de la terre, comme l'odeur de l'eau de Cologne Bien-Etre à celle des pets. Les colères et la défaite interminable des patients, le regard sévère de l'interne, la haine de l'aide-soignante la douchant. « C'est dur de vieillir », lui dit-elle un jour, faisant de ce royaume aux lits à sommiers articulés, l'antichambre géante du désastre, de tout ce que je redoutais, me laissant comme seule parade, désormais, l'envie de tout emporter, de tout dire, de tout raconter, de ne rien laisser au vide. « Ne vieillissez jamais », avait confié mon grand-père à mon ami Jacques, qui trente ans après, s'en souvient encore.

Je me sentais comme un agent double. Le jour, au magazine, nous nous occupions à négocier les tarifs des retoucheurs : « Si c'est une vieille, ce sera forcément plus cher », annonçaient les agents goguenards, à propos d'un ex-top model à qui nous songions pour la Une. La nuit, je rêvais au temps qui me manquait. Il ne me restait que le petit matin pour griffonner un « post ». Je devais aller voir François Lesage à l'hôpital. Trop tard, il venait de mourir … Je me souviens de lui, au milieu de ses paillettes d'or illuminant une rencontre, ce devait être en 1987, dans son atelier de la rue de la Grange-Batelière aux murs punaisés d'échantillons, de photos et de lettres. Il m'avait dit : « On est passé d'un luxe de music-hall à une opulence d'opéra. » Cette année-là, le Fashion Institute de New York lui rendait hommage. Je me souviens des tiroirs aux étiquettes calligraphiées, veloutine or, étincelles, aigues-marines, des Iris de Saint Laurent fleurissant le cardigan le plus cher du monde, soixante coloris de perles de satin cousues une à une au crochet sur un organza. Il m'expliquait avec passion comment on donnait un « effet peinture au couteau » en épaississant la broderie avec des rubans. Son atelier tenait de la cuisine, du coffre-fort, de l'étude, avec toutes ces jeunes filles penchées sur leur métier. J'allais le voir souvent, il restera pour toujours Monsieur Féerie, avec ses blagues canaille et son côté titi de droite, homophobe, son côté *Chasseur Français* plein de contradictions qui le rendait unique, adorant plus que tout les couturiers auxquels il avait dédié sa passion. François avait offert un jour à ma fille un sac de presque diamants, elle était repartie ivre de bonheur.

Quelque temps plus tard, au musée d'Orsay, j'ai aperçu Sonia Rykiel, sur une chaise roulante. Je me suis approchée d'elle pour l'embrasser, elle m'a dit : « Appelle-moi. » Le temps qui file entre mes doigts me convoque, et chaque fois je suis en retard. Hier, un ami créateur de mode m'a téléphoné, je ne lui avais pas parlé depuis quatre jours, il était à l'hôpital, où il avait failli mourir. Il m'a dit : « Si j'étais mort, tu aurais publié un numéro spécial sur moi ! » L'urgence entretenue par ce métier nous conduit tous à des situations extrêmes. Un jour le corps se révolte. Il hurle à l'intérieur. Il préfère vous mettre par terre, plutôt que de vous laisser affronter seul la vieillesse. Il signe lui-même son arrêt de mort. Il dit : « Le défilé est terminé. » Il y a la peur du lendemain, la peur de ne pas pouvoir créer, de ne pas être le premier de la saison, de ne plus être le plus jeune, d'être abandonné, et la peur tout court. Celle qui ronge, s'insinue dans tous les plis de l'existence. Les octogénaires que j'ai rencontrés sont pareils à l'empereur toisant le monde dans la « Pagode de la longévité » évoquée par Pa Kin. Ils ont vécu plusieurs vies, ils ont frôlé de si près la mort, que le temps qui leur reste, ils ne le dédient qu'à des projets, des passions. Le plus acrobate de tous reste Pierre Cardin, un antidépresseur en costume que j'aimais aller rencontrer dans son antre digne d'un SPOT (Système pour l'Observation de la Terre). Le satellite se désintégrerait un jour dans l'atmosphère, mais personne ne semblait pouvoir dire exactement quand. « J'ai eu la chance d'aimer tout ce qui existe, et de faire aimer tout ce qui n'existe pas », disait-il.

Pierre Cardin

Pierre Cardin n'aime pas le passé. Il est l'homme-Lune, en perpétuelle rotation autour de la Terre. Citoyen planétaire, il vit à l'heure d'un présent atmosphérique. Le cercle serait sa métaphore absolue. Ses robes-soucoupes, ses ceintures-cibles, ses maisons-champignons, ses chapeaux-satellites ne sont que les éléments visibles de cette conquête spatiale initiée d'abord par le cosmos, la science et l'univers. « Terre, Soleil et Lune sont de pures créations de l'infinité », assure Pierre Cardin.

Avec lui, tous les souvenirs défilent en boucle, sans qu'il soit obligé de se pencher pour aller les puiser dans le trou noir du temps. Ce jour-là, il me parlera pour la énième fois de sa rencontre avec Fidel Castro, et avec tous les chefs d'Etat, qui firent de lui le couturier le plus officiel et le plus négligé de la République française, malgré les honneurs et les médailles. Pour lui, l'Hexagone n'est qu'une simple figure géométrique. Un de ses thèmes d'inspiration pour ses tours improbables, ses combinaisons de Spoutnik dont la modernité rappelle celle des villes nouvelles.

Sa foi dans le futur est inébranlable. Elle résiste à toutes les épreuves que la vie inflige aux êtres et aux objets. Dans son bureau encombré de posters, de livres et de poussière, le visiteur aura peut-être remarqué une toile de Poliakoff déchirée à un endroit. Pierre Cardin y a simplement mis un bout de Scotch. Il zappe, il zippe, il fonce, imperturbablement vêtu d'un costume et d'une chemise dont le pourcentage de fibres synthétiques ne nuit pas à sa santé de fer. Pierre Cardin répond présent. Dominé par cette force inimitable que son regard d'un côté, ses mains de l'autre, protègent de toute malfaisance.

Des yeux noirs. Des doigts de coupeur. C'est à Pierre Cardin, alors modéliste, que Christian Dior doit la réalisation de sa première veste Bar, celle qui fera de lui l'inventeur consacré du New Look. Il se souvient, bien loin de la légende fleurie du « Paris revit », avoir repassé longtemps les basques au fer, les avoir rembourrées avec du coton acheté à la pharmacie avenue Montaigne, à l'époque où celle-ci était encore une avenue, et pas encore un mall à ciel ouvert. Mais le temps de Christian Dior était et demeure celui des bals. Celui de Pierre Cardin sera celui des soucoupes volantes. Quoi de commun entre les corsets, les bustiers, la culture de la parure de Christian Dior, et le cosmocorps de Cardin, attentif à considérer toute silhouette comme un mobile dans l'espace, et les robes comme de pures formes ?

Si Christian Dior a marqué le « retour à l'art de plaire », Pierre Cardin a cherché à effacer toutes les réminiscences de la Belle Epoque. Lui qui a bien connu Jean Cocteau, a signé les costumes de *La Belle et la Bête*, et fut l'amant de Jeanne Moreau, avec laquelle nous devions organiser une séance de photos, qu'elle annula à trois reprises. Tiens, un dessin de Bérard traîne par terre, sur la moquette tachée. Je sais qu'il a tourné la page. Entre deux crises de toux asthmatique dans son bureau, je me souviens de cette série de mode que nous avions organisée sur l'île de Vulcain en 2010, en hommage à ses soixante ans de création. Les vêtements avaient voyagé sous escorte. Comme dans un film catastrophe les problèmes s'étaient enchaînés : le directeur de la communication foudroyé par une piqûre d'insecte géant, l'orage terrible transformant les créatures en astéroïdes sous la houle.

Peu d'hommes en ce monde peuvent affirmer à 88 ans : « Mon destin c'est demain. » Avec Pierre Cardin, le présent se conjugue au futur. Un présent prophétique, résumé en une formule, « le luxe multiplié par la masse ». Sans doute parce que « le succès véritable ne s'exprime pas en privilèges mais en popularité ». Ses robes, pareilles à des structures organiques, semblent avoir été construites dans un atelier spatial. Ses meubles, comme autant de météores utilitaires, ont participé à cette fusion entre sculpture et architecture, à l'image du Palais Bulles, ce « bâtiment érotique » imaginé par Antti Lovag, et acheté par le créateur, encore inachevé : sa construction prendra quatorze ans, de 1975 à 1989.

Pierre Cardin a habillé Christian Dior en Roi des Animaux, lors du bal Beaumont en 1949. Il possède les archives secrètes du marquis de Sade, dont il a racheté le château. Si vieillir, c'est ne plus résister à rien, il a élevé contre ses ennemis des remparts inamovibles à l'image de ses cols-tonneaux et de ses dos d'iguane Couture. L'Histoire retiendra de lui ses extravagances et ses créations irréductibles aux fluctuations de la mode, même si toutes semblent lui appartenir. « L'essentiel, c'est la coupe, le volume. La ligne, ça passe avec le temps. » Les orages se lèvent, les têtes tombent, la mer se déchaîne, emportant avec elle ses souvenirs et ses idoles. Ses bruits et sa fureur. « J'aime être clair, sain, net, agir en pleine lucidité. » Il ne boit pas, ne fume pas. S'il entend la douleur, il refuse d'écouter son corps. Maître de l'ellipse et de la spirale, Pierre Cardin demeure, déclamant haut et fort qu'il lui a toujours plu d'exister par son travail et par lui seul. C'est un milliardaire qui se contente d'un bol de soupe et sait encore combien de bouteilles de lait Maxim's a servies la veille. A Paris, son QG de l'avenue Marigny est un dédale d'angles, de couloirs, de murs. Tout ce que ce guetteur d'absolu semble fuir. On le cherche. D'autres l'attendent, dans cette antichambre en forme de débarras. Tournant le dos à la rue, l'homme est là, assis bien droit, devant des chemises classées par couleurs, des chèques à signer dont il vérifie les montants avec une précision diabolique. En suspension dans un monde parallèle, qu'il aurait intégré au monde tout court, avec une liberté inouïe, et un sens de la rupture que notre goût des conventions interdit. Banni, exclu, boudé, l'inventeur des vestes Espace pour homme a assumé bien des chocs. C'est sur Terre, près de Venise, que ce fils de glacier a commencé son voyage, et c'est près de la Lune qu'il continue de tutoyer les étoiles, collectionneur de miles pour l'éternité. Pour nombre de créateurs, d'architectes et de designers, son œuvre est d'abord le disque dur d'une histoire riche d'inspirations. Qu'il s'agisse des robes-bulles (1954), ou des épaules-pagodes (1979), les références clignotent, comme autant alertes contre l'ennui.

Au mot « utopie », trop « abstrait » à ses yeux, Pierre Cardin préfère la notion de « rêve ». « L'utopie reste au stade du concept. Le rêve, lui, peut se réaliser. » Arrivé en France à l'âge de deux ans, il règne aujourd'hui sur un empire que les milliers de mètres carrés qu'il possède du côté de la rue du Faubourg-Saint-Honoré ne peuvent résumer. « J'ai eu toutes les médailles du monde en dépassant ma profession à travers mon talent. » Toute cette vie il ne la doit qu'à lui-même, à cette extraordinaire capacité à réinventer son propre *moon movie*, milliardaire vivant aussi modestement qu'à l'époque où il occupait cette « petite chambre » du 82 de la rue du Faubourg-Saint-Honoré, une artère qu'il connaît d'autant mieux qu'il l'a faite sienne. « C'est un destin. Rien n'était prémédité. Si vous n'avez pas le désir d'être ce que vous êtes, vous n'arriverez à rien. Les choses se sont présentées à moi, je les ai réalisées avec passion, sans être servile, tout en étant servant. » Ses mots claquent comme des sous neufs. Son luxe, il le répète, est de n'avoir besoin de rien, que d'un crayon, d'un papier, d'un lit où dormir. « Vivre comme si on était une particule, une cellule », dit-il, avec l'assurance d'un sage.

Qu'il parle d'honneurs au pluriel, ou d'honneur au singulier (« ne rien avoir à se reprocher »), il avance à l'instinct, son arme la plus sûre. Il semble plus riche de ses rencontres que de sa fortune. « Vivre, c'est participer aux autres. Communiquer à travers soi-même. » Son plaisir lui vient de l'admiration que certains lui inspirent, à l'image de Fabrice Lucchini : « La mémoire est parfois ennuyeuse. Avec lui, chaque mot est une balle. » En ce matin d'automne, Pierre Cardin ne courtise que la lumière, sans l'ombre d'un regret : « J'aurai tout possédé, et je n'aurai pas vécu ma possession. »

A l'image de ce créateur futuriste, mes héros le sont d'autant plus qu'ils semblent invincibles. Mais une force contraire m'attirait également, de l'autre côté d'eux-mêmes, vers cette vieillesse anéantie par la canicule, comme dans cet hôpital où, curieusement, tous les panneaux URGENCES ne menaient qu'à des pavillons silencieux, tapis derrière des stores gris de poussière. ADMISSION ASCENSEURS. ICM INSTITUT MOELLE ÉPINIÈRE. Poteaux rongés par la rouille, petites défaites du quotidien, au bord d'un mot fléché qui flanche, d'une plainte immobile, de ce service qui manque de tout, même de papier toilette. Etait-ce le même sandwich ? Sans doute, depuis des jours, il demeurait sur l'étagère illuminée du distributeur Friandis, et, devant lui, toujours à la même place, cette femme, sur sa chaise roulante, les yeux fixes. Elle portait souvent ce tee-shirt sur lequel était inscrit BE COOL. Plus éprouvante que la solitude, est la promiscuité, celle qui envahit tout, dans l'indifférence mutuelle trahie par l'odeur des gaz, les crachats, les petites incursions des malades dans la vie des infirmières et des infirmières dans la vie des malades. Ici chacun sait tout de l'autre alors qu'il ne sait plus rien de lui-même. Revanche dérisoire de l'existence, quand celle-ci se limite à l'absorption par un « canard » et à l'évacuation des selles. On pouvait être n'importe où, le temps s'était arrêté. Là-bas, les plantes artificielles parlent pour tous. Leurs feuilles n'ont pas été dépoussiérées depuis des lustres. Elles, dont le propre est de ne jamais faillir, semblent avouer, en penchant lamentablement, tristes et abandonnées, leur défaite. Il n'y a plus de dates, plus de repères, plus de lieu. Je rentre avec mes sacs de papier et mes Tupperware vides, mon père prend le linge sale, je rapporte des lingettes. Neil Armstrong venait de mourir. Plus que la disparition de l'homme qui avait marché sur la Lune, ce qui me frappait, ce jour-là, c'était la fin accomplie de l'enfance. Apollo 11 et nos genoux mordillés par des plaies qu'on nous tamponnait de Mercurochrome, les seins qui poussent sous les tricots de corps qu'on appelait chemises pour les filles, les souliers à barrettes Froment Leroyer et les socquettes en fil d'Ecosse DD pour la rentrée scolaire, les cahiers à grands carreaux, les gilets achetés aux Laines Ecossaises, et Monsieur Martin, mon maître adoré de CE2, qui ressemblait à Dean Martin. En 1969, nous nous envolions, comme le ballon gonflable offert par la vendeuse de chaussures, la Terre appartenait à nos parents, qui avaient réussi et nous emmenaient au Club Med, forts de leur « belle situation ». « Ma fille est doctoresse », répétait ma grand-mère qui allait consulter à la Clinique des Bluets, non sans fierté. Son fils, mon oncle, dissolvait les restes d'une enfance juive cachée, dans un bain de France : officier de marine, il fréquentait le Polo de Bagatelle et l'Automobile Club réservé aux hommes. Son cabinet de dentiste, immaculé, boulevard Malesherbes, me semblait bâti quelque part dans l'espace, au-dessus du monde, parce que c'était doux de frôler cette moquette si épaisse, de s'asseoir sur ce canapé gigantesque, de regarder des magazines plus gros que des bottins, d'être appelé pour s'asseoir, et de se retrouver couchée sur ce lit blanc en cuir, avec, au-dessus, une lampe fluorescente, et le visage de l'assistante qui vous accrochait autour du cou une petite serviette lestée d'une chaînette argent. On repartait avec un jouet, une brosse à dents neuve. Quand on avait eu trop mal, on nous offrait un cadeau.

Enfant, on surexiste pour ses parents. On est là comme un chouchou éternel et divin. Après, on veut mener sa vie seul. C'est elle qui nous fait revenir.

Dans le taxi, le dimanche suivant, avec mes sacs remplis de courgettes, de pommes de terre, de pickles et de pain à l'oignon acheté chez Finkelstein, où le vieux garçon à la caisse avait de plus en de cheveux blancs, j'aurais voulu pouvoir aller plus vite pour apporter à ma mère sa soupe fumante, au lieu de quoi, je lui téléphonai pour lui dire « j'arrive ». De l'autre côté du combiné, mon père me répondit « je vais la chercher », me laissant parmi ces minutes vides, durant lesquelles je l'imaginais, le pas traînant, venir jusqu'au téléphone – ils n'avaient pas de postes mobiles –, encore plus seule et défaite. Elle m'avait dit un jour : « Moi, j'ai peur de tout, j'ai peur qu'on vienne m'arrêter. »

Cette phrase m'avait suivie, elle avait résonné dans les mots et les voix des gens que j'avais vus ensuite. Comme dans ceux que Lee Radziwill m'avait adressés un jour, au Castiglione, ce café-restaurant de la rue Saint-Honoré, où la patronne touille les tartares, Rolex au poignet. « *No, I don't think so* », m'avait-elle chuchoté pour me signifier son refus de me recevoir plus tard. Ses mots semblaient tous de la même taille, telles les perles d'un collier chocker. Après avoir été l'ombre de sa sœur Jackie, Lee m'apparut comme l'ombre d'elle-même, l'ombre d'un passé qui s'éclipsait en douce, dans son grand manteau en cachemire double face. Ce grand cygne noir de la Cafe Society était une apparition dans ce brouhaha d'attachés de presse et de créateurs de mode fatigués d'avoir trop communiqué et pas assez travaillé. La semaine des collections se terminait. La maison Givenchy n'avait pas présenté la sienne. Seule une créatrice chinoise surdouée semblait l'avoir remarqué : l'homme qui avait vendu son nom à LVMH se tenait pourtant là, de l'autre côté de la Seine, témoin de tous ces rêves enfuis. Il était l'un des derniers à appeler ses anciennes clientes « chérie ». « Dans les années cinquante, après le travail, on partait se baigner au Racing, on remontait l'avenue Pierre-Ier-de-Serbie à bicyclette, c'était une ambiance fantastique. »

Hubert de Givenchy

Hubert de Givenchy n'a jamais eu de téléphone portable. Son nom est resté un logo. Il ne critique plus la mode, il est passé de l'autre côté. Elle gît à ses pieds, comme un tissu que personne ne ramasse. Le gentleman fournisseur a accepté de me recevoir dans son hôtel particulier de la rue de Grenelle. Avec ses savates s'écrasant sur les gravillons, la concierge semble d'époque. Givenchy m'accueille et me dit : « Je m'excuse infiniment », car la veille, il m'a demandé de revenir le lendemain, pris par un rendez-vous avec un notaire. Une femme avec un grand cahier me salue rapidement, et nous laisse seuls. Front poli par l'écume blanche, chemise oxford bleue aux initiales brodées sous le cœur, pull de cachemire encre noué « villégiature », pantalon de flanelle et mocassins à pompons en peau de serpent, il reste ce « gentilhomme aux doigts d'or », attentif à faire réaliser « par un petit artisan tunisien » des paniers à l'effigie de ses amies, Sylvia, Minnie et les autres. Sur une table, un rouleau de cuir mordoré intérieur miel (prévu spécialement pour les anses des paniers), un vaporisateur en laiton de Guerlain (à faire réparer) ont été déposés, comme des lettres à expédier, des affaires à suivre. Massif et discret, il revient avec deux verres d'eau, je ne vois que les carrés de percale qui les accompagnent, ajourés Venise comme des taies à l'ancienne. Au fond, un valet philippin passe en livrée blanche devant une grande baie donnant sur un jardin intérieur. Un parfum de tubéreuse flotte dans cette galerie d'apparat où, peu à peu, la distance s'efface, pressés que nous sommes de repêcher des bouts de passé, des moments gais, sans ce vide autour. Je me souviens qu'il faisait peur à ses ouvrières ; il arrivait toujours le premier, Monsieur était là. On ne parlait pas, on chuchotait. Longtemps, des rumeurs firent état d'un passage souterrain, creusé sous l'avenue George-V, qui menait au studio de Balenciaga. Aujourd'hui, il s'attendrit, en évoquant « Petit Cœur », la modiste avec laquelle il s'entretient « au fil » chaque semaine. Elle habite Maisons-Laffitte. « Même si le téléphone ne dure que cinq minutes, on se souvient des clientes amusantes ou follement sympathiques… » Il évoque la comtesse Bismarck, qui arrivait avec son mari et ses deux écrins à bijoux sous le manteau : « Il fallait que la goutte en émeraude soit à un centimètre du décolleté, afin que la pierre ne bute pas. C'était magique. »

Le chic est mince et Hubert de Givenchy est grand. Dans son nom qui s'étire, je vois les yeux en amande d'Audrey, sa frimousse aux lunettes noires, son corps fin comme un trait d'eye-liner, l'allure *Breakfast at Tiffany*, sans toast ni confiture. Un style, et une devise chère à la duchesse de Windsor : « *Never too rich, never too thin.* » Le dessin léger, gracieux, la fonte sans défaut, la ciselure parfaite d'un lustre XVIIIe. Un broché de Staron. Le mot de Charles de Gaulle à Jackie Kennedy : « Ce soir, vous ressemblez à un tableau de Watteau. » En 1961, première visite officielle du président américain oblige, Hubert de Givenchy lui crée quinze robes, à l'occasion du dîner organisé au château de Versailles : « Jusqu'au dernier moment, elle ne savait pas si elle serait autorisée à être habillée par un couturier français. »

Hubert de Givenchy. Sa particule est un bouclier, son allure, une infranchissable muraille de bronze et de cristal. Dans son nom, j'entends des rires de femmes sans amour, aux jolies silhouettes et aux manières *exquises*. Mais aussi le froissement léger d'un organdi, des broderies de pétales de rose, et l'orchestre tzigane du Ritz qui joue « *Fascination*. » Gary Cooper et Audrey Hepburn dansant au Ritz. Le temps s'arrête, coupé vif comme on dit dans le métier. Hubert de Givenchy, le plus « quai Voltaire » des couturiers français, partage sa vie avec son complice, Philippe Venet, un autre couturier, admirable maître de l'épaule, aussi perfectionniste que discret, dont on disait qu'il faisait les plus beaux manteaux de Paris.

Il se souvient des bals du château de Corbeville, chez Jacques Fath, et de la vieille Rose Kennedy lui demandant de broder son collier de perles sur sa robe noire, afin qu'elles ne se cognent pas sur le cercueil de son fils. Lui, le dernier Mohican du satin ivoire et de la soie cloquée, l'habilleur en chef des grandes dames, la Callas, la Bégum Aga Khan, Jacqueline Kennedy, la princesse Grace, et bien sûr Audrey : « Hubert est comme un arbre, grand, droit et beau », disait-elle. Français jusqu'au bout de ses ongles si polis, il incarne ce je-ne-sais-quoi cousu de mille et un secrets, aussi robuste et aérien que des chenets à chimères Louis XIV, que les buis taillés de sa maison de Saint-Jean-Cap-Ferrat, et que les toits d'ardoise bleue à doubles rampants de son manoir du Jonchet, en Touraine. Pas de faste, ni d'ostentation, mais du goût avant toute chose, à peine doré par cette patine antiquaire qui a fait d'un riche bourgeois du Nord, héritier d'une famille propriétaire des mines d'Anzin, dans le nord de la France, un éternel jeune prince de la haute couture, parfois conspué, surnommé à l'époque par la bande Saint Laurent « Givenchère ». Un provincial cosmopolite adorant par-dessus tout les roses Fée des Neiges et les Pierre de Ronsard, *un grimpant plus Renaissance que médiéval*, sans oublier son labrador Sandy.

Sa mère le voulait notaire. Il se rêvait architecte. Il s'est construit tout seul, son image s'agrandissant dans le miroir. Quand il parle de lui, il ne parle que de l'autre : Cristóbal Balenciaga. Il a fait ses débuts en « relevant les collections chez Jacques Fath », en travaillant chez Elsa Schiaparelli, qui le reçut, toute menue dans ses bottes d'ocelot. Son premier achat de collectionneur date de la vente Misia Sert, une armoire Boulle. Il est invraisemblable de se dire qu'il a été l'un des maîtres lointains d'Yves Mathieu-Saint Laurent, ce dernier reproduisant à la plume, à Oran, les modèles de Monsieur parmi ceux de Christian Dior et de Cristóbal Balenciaga. « Assister à un essayage de Balenciaga, c'était comme assister à un miracle. Ses robes paraissaient naître d'une génération spontanée, sans avoir été touchées. Une robe réussie doit se placer naturellement sur les épaules, épouser le corps en même temps que la femme », dit-il de son premier maître.

En 1952, son avènement signe une époque de rupture ; on joue le sweater contre le serre-taille, les premiers produits américains arrivent, avec le « tout fait » qu'on n'appelle pas encore le prêt-à-porter, et les « coordonnables ». Ses premiers modèles s'appellent Doux Doux, Chaleureux. Encolures dépouillées, ampleurs blousantes, boléros de roses plus légers qu'un souffle. Hubert de Givenchy ou le grand genre moderne. « Chercher un dos, tout est là », me disait-il en 1993, deux ans avant son « départ ». Avenue George-V, il recevait la presse à sept heures, dans sa blouse blanche en lin. « Aujourd'hui, on montre des robes de pauvresses et des vieilles voilettes trempées sur la tête, c'est une insulte. » En juillet 1995, à Paris, ils furent tous là, au premier rang, pour assister à son dernier défilé, manière qu'ont les couturiers de mourir de leur vivant, avant les autres, devant leurs rivaux et amis : Yves Saint Laurent, Mademoiselle Carven, Oscar de la Renta, Valentino, Christian Lacroix, Issey Miyake, Emmanuel Ungaro. Ce jour-là, il était venu saluer à la fin du défilé, avec Janette, sa secrétaire, une rousse corpulente et fardée, celle qui pendant trente ans lui a épinglé des petits carrés de papier blanc au revers de son costume.

L'atmosphère se réchauffe peu à peu, les souvenirs fusent, mêlant l'apparition d'Audrey à celles de Mrs. Mellon, qu'il emmenait chez Aimé Maeght pour choisir un Braque, et de Cristóbal Balenciaga, que le temps statufie encore davantage. « Il était complet, religieux, loyal, généreux. Il restera le plus grand. » Hubert de Givenchy n'a rien oublié. Ni le premier déjeuner à l'Aiglon, à New York. Ni cette relation soudée par une passion commune : « Il continuait d'aller voir Vionnet, qui vivait couchée et faisait des poupées au lit qu'elle lui offrait dans du papier de soie. Regardez, Cristóbal, vous pourrez peut-être en faire quelque chose, disait-elle. » En parlant de Cristóbal, il redevient le jeune homme qu'il n'a cessé d'être, l'élève soumis avant toute chose au sens des tissus, avec cette rigueur presque mystique, dominée par un art de la construction : « Au lieu de mettre des baleines, il faisait des fonds surpiqués pour que la robe tombe en souplesse lorsque la femme s'asseyait. Il ne trichait pas. Il m'a donné sa croix. Je l'ai longtemps gardée dans ma poche, c'était une protection. Je la caresse souvent. »

Il avoue avoir longtemps porté *Ho Hang*, le parfum de son maître : « C'était une nécessité. Je sentais à travers lui une sorte de présence. » Il pourrait parler des heures de l'odeur de la soie, et de Suzy Gandini « développant » dans le studio trois mètres de faille. Je note ce léger pincement féminin dans son intonation, qui tranche avec son regard bleu – « j'ai perdu un œil dans une opération de la cataracte », me confie-t-il –, et la force de caractère de celui que les petites écorchures de la vie ne semblent pas avoir altéré. « Je vis avec ces instants. Je ne suis pas un homme aigri. » Il regrette cependant de ne pas avoir été consulté lors de la construction du musée Balenciaga, et déplore que la croix accrochée au-dessus du lit d'« Yves » ait pu être mise aux enchères. Il veut parler bien sûr d'Yves Mathieu Saint Laurent, qui, adolescent, dessinait à la manière de Givenchy à Oran. Celui qu'il a vu se détruire. Celui qui est parti, le laissant seul avec ce monde qui n'existe plus. Hubert de Givenchy ne se plaint pas pourtant, et remercie la vie de l'avoir tant gâté « par les rencontres, les voyages, les maisons merveilleuses, les jardins ».

A la fin de l'entretien, il me demande de l'aider à se relever. Je manque de m'écrouler sous son poids. J'ai tout son corps dans mes mains. Fragile, massif, incroyablement puissant de solitude. « Je retenais mon souffle en voyant arriver les robes du soir, je craignais qu'au moindre geste le miracle de leur asymétrie se dissipe. Mais je comptais sans lui, funambule qui marche sans hésiter sur cette corde raide où viennent se confondre le rêve et la réalité. » A l'image de ses modèles esquissés par Modiano, le temps d'un défilé, Hubert de Givenchy m'est apparu ce matin-là, comme dans un rêve. En sortant, j'ai ouvert le petit cadeau emballé dans du papier blanc qu'il m'avait offert. C'était un parfum. J'eus pendant quelques instants la sensation qu'il venait de le créer.

Si la vie tient à des rencontres, c'est auprès de ces octogénaires un peu fantasques qu'elle peut prendre la forme d'un enchantement. « A son contact, ma vie s'allège », me disait une amie, à propos de Philippe Tesson, 85 ans à qui elle avait dit, en ne plaisantant qu'à moitié : « Adopte-moi. » Il n'avait renoncé à rien, il était plus jeune encore que tous ses enfants réunis, tant sa fantaisie, sa gaieté l'élevaient au-dessus des contingences de ce monde. Il sortait chaque soir, il éprouvait encore du désir, venait de racheter un théâtre. Je repensai à l'une de mes premières interviews, celle que j'avais faite de Monsieur Erte, un octogénaire impeccablement sanglé dans sa chemise couleur poussin, l'œil vif sous un sourcil en plume, les lèvres fines et pincées. Il m'avait proposé quelque chose à boire, « De l'eau ? » avant d'ajouter : « Vous ne voulez rien de plus drôle ? » Qu'ont donc vécu ces *seniors citizens* pour envoûter ainsi mon existence, apporter ce rayon de soleil dont les photos Kodachrome prises dans les années cinquante, sur la Riviera, portent encore et toujours l'empreinte jaune orangé ? Qu'ont-ils enduré, subi, refusé, pour que la vie chaque jour ressemble à un désir tout neuf? Et qu'avons-nous fait, à l'inverse, pour ne plus désirer que le silence, quand le bruit a tout envahi? Bruit des mots; *community manager, blogs, tweeter, followers, dress code, looks gagnants, gestes fun de la rentrée, chignon wet, fashion buzz, it bag, speed dating cool*… La moindre ride est une défaite signant la peur de basculer dans l'inconnu. Je me souviens de cette femme très blonde, aperçue à la terrasse d'une brasserie du seizième arrondissement. Son fils venait de passer le bac, c'était son seul repère temporel. Elle portait une minijupe, et son décolleté laissait jaillir une paire de seins siliconés. Elle était entièrement refaite. Je savais déjà tout d'elle sans jamais l'avoir rencontrée. J'imaginais sa salle de bains, son salon, ses vacances, le jet-ski, le rosé, le drap de bain éponge Hermès sur le transat. Elle disait à son mari : « Dans cinq ans, je serai une autre. » Sa voisine soutenait, devant les deux hommes médusés : « Je vieillis, je mochis, donc je meurs. »

Je repensais à cette phrase de Hermann Hesse : « La vieillesse ne devient médiocre que lorsqu'elle prend des airs de jeunesse. » Toute la question tourne autour de cette jeunesse si obsédante, si normative, qu'on ne peut lui survivre autrement qu'en la reproduisant sans fin dans une parodie que les mains (l'une des seules parties du corps non corrigeable par la chirurgie esthétique) trahissent tout autant que la voix. Présent immobile, intact, sans relief, lissé par l'Atarax.

Beaucoup d'acteurs affirment que leur seule manière d'échapper à l'angoisse du temps est encore de jouer, d'être sur scène : « Là, j'éprouve un bien-être physique et mental, j'échappe au temps », affirmait Laurent Terzieff, attentif à ne pas laisser de traces mais d'abord « des souvenirs, des sensations, rien d'autre… ». Voilà pourquoi il préférait au cinéma le théâtre : « C'est l'art de l'instant présent, intensément vécu. » Je crois que c'est ainsi, également, que les vieux de notre temps composent leur quotidien. Comme une pièce dont ils sont le personnage principal, avec ses répliques, ses silences, ses apparitions, tout un ensemble de situations à improviser qui leur permet de se rendre disponibles au cœur d'un temps et d'un espace reinventés chaque jour, offerts au mouvement des choses, à la métamorphose incessante qu'on appelle la vie. Ne pas figer le temps ; « *Smash his camera* » (« Cassez son appareil photo »), avait dit Jackie Kennedy, traquée par le photographe Ron Galella. Cette phrase résonnait dans ma tête tandis que je traversais New York pour aller rencontrer ce rebelle aux cheveux blancs qui avait, il y a plus de quarante ans de cela, semé la panique dans Central Park en poursuivant la femme du président…

Ron Galella

« Aller dans le New Jersey en taxi, mais vous n'y pensez pas ! » Une galeriste new-yorkaise m'avait généreusement mis à disposition une limousine avec chauffeur pour me conduire chez le prince des paparazzi. J'étais déjà dans l'ambiance. Sauf que cette fois, c'est moi qui le chassais… Derrière les vitres fumées, je découvris cette campagne cossue traversée par les 4 × 4 rutilants de retraités à gourmette. Sa maison était un château miniature cerné par des statuettes de nymphes. Ron Galella m'attendait. A l'entrée, sa veste de reporter trônait, comme un épouvantail au milieu des portraits géants de ses proies. Je me souviens de son regard de petit diable dans son grand corps agité. Il se déplaçait presque en bondissant, avec son déambulateur, pour aller chercher des canettes de soda, des photocopies, des photos, encore, toujours. Sa vie, son histoire, c'était Jackie. « Windblown Jackie » surprise à New York, en 1971. Jacqueline Bouvier, devenue Fair Lady en 1961, celle qui l'avait par deux fois attaqué devant les tribunaux, trônait partout, comme une idole. Sa Mona Lisa. « J'étais avec un mannequin, nous venions de finir un portfolio. Nous suivions Jackie depuis la 85e Rue jusqu'à Madison, quand elle a tourné soudainement. Au lieu de lui courir après – elle aurait mis ses lunettes noires –, j'ai foncé dans un taxi à la 91e Rue. Sur les photos, on croit qu'elle me reconnaît, mais mon visage était caché par l'appareil. Elle n'est pas maquillée, ses cheveux sont naturels. C'est ma plus belle photo d'elle. Quand je suis sorti du taxi, Joy a pris une photo, on me voit en action. Jackie m'a lancé : "Etes-vous content de vous ?" J'ai répondu "Oui, merci" et j'ai filé. »

De la femme la plus secrète du monde, celle qui n'a donné que trois interviews dans sa vie (à Arthur Schlesinger, Theodore White et William Manchester), il semblait tout connaître. Les allées, les venues, les manies. Elle était là, partout, sur les murs, sur la table de ce salon-cathédrale un peu kitsch dans lequel il slalomait, poussant son déambulateur. Jackie, c'était, au sous-sol de cette fausse villa palladienne, six mille clichés, jouxtant, dans des boîtes à chaussures, ceux de Gina Lollobrigida, Liz Taylor ou Michael Jackson. Ron Galella, contraint à ne pas s'approcher de Jackie à moins de vingt-cinq mètres, n'était victime que d'un seul outrage : la vieillesse. Il luttait, comme il avait lutté toute sa vie, lui le self-made-man napolitain, méprisé par les Wasp. Ron Galella ne s'éprouve que dans le mouvement. Rapide comme un chasseur, il se raconte dans un éternel présent, fort d'une jeunesse qui ne s'est pas terminée, qui ne s'achèvera qu'à sa mort. Photographier les stars par surprise, sans leur autorisation, a été et restera sa devise. Mais là où d'autres utilisaient les téléobjectifs, Ron Galella a toujours privilégié la confrontation directe. Ce qui lui valut, en 1973, quelques dents cassées à la suite d'un coup de poing administré à la sortie d'un restaurant, par Marlon Brando. « *Jackie, my golden muse* », me dit-il. Cette année, il lui dédierait un nouveau livre, avec une couverture en lettres d'or. Il lui avait déjà consacré un ouvrage en 1974. Quarante ans plus tard, la passion reste intacte. Ron Galella se souvient de tout. De Jackie en pantalon d'équitation à l'Essex Hunt Club (New Jersey), de Jackie à Skorpios, en Grèce. De Jackie au restaurant la Côte Basque, à New York : « La seule fois où elle a posé. Elle devait être saoule ce jour-là. »

« *Oh it's you again.* » En pleine page, les formules de Jackie formèrent des dyptiques étonnants avec les photos. « Je pensais que vous étiez en prison » (« *I thought you were in jail* »). Ou encore « *Mr. Connolly, smash his camera* ». Elle s'adressait à l'agent du FBI qui la protégeait ce jour-là, alors qu'elle traversait la Cinquième Avenue pour aller se promener à Central Park. Ron reconnaît : « C'était une bonne mère. Même à la Maison-Blanche, elle protégeait sa vie privée. Les photos de John Jr, sous le bureau du président, ont été prises un jour où elle était en voyage hors des Etats-Unis. » La formule a donné son titre à un documentaire édifiant où des témoins évoquent celui que Warhol appellait « le plus grand photographe du monde ». Ce qui ne l'empêcha pas d'affronter un procès aux mensurations édifiantes : 21 700 pages, 26 jours d'audience, puis un autre procès, en 1982, conclu par une somme de 10 000 dollars à payer, et la fin réelle d'une histoire : « Je n'ai pas photographié Jackie durant les treize dernières années de sa vie, ni à ses funérailles. » Quatre photos demeurent sous le coup d'une interdiction : passer outre à celle-ci serait passible de 125 000 dollars à payer et de sept ans de prison.

On lui a souvent demandé s'il était amoureux de Jackie. Il avait même déposé le livre qu'il lui avait consacré au doorman de son immeuble. Il me parle de ses grands yeux ouverts, de son allure, de sa « mystique ». Morte, elle n'en finissait pas de s'animer dans sa mémoire. Ce n'était pas la Jackie en tailleur des apparitions officielles et du drame. C'était l'autre, la plus quotidienne, en pantalon de coton beige et en ballerines. Je la voyais presque se redessiner dans l'espace, souple et gracile comme une biche en cachemire. Anorexique et divine, bien que traquée. Elle était là, au-dessus de nous, de lui, dans ses souvenirs qui défilaient en boucle, de Martha's Vineyard, au Club 21. « *She may not have loved me, but I do believe she loved my work* » (« Elle ne m'aimait peut-être pas, mais je crois qu'elle aimait mon travail »). Elle vivait à travers lui, et lui ne survivait qu'à travers elle, au fil de tous ces moments arrêtés ; Capri, Central Park, la Troisième

Avenue, le regard d'Ari Onassis qui le dévisage. Et le photographe qui se déguisa un jour en Père Noël, masqué derrière sa barbe postiche. Dans cette maison-temple, la cuisine est devenue un bureau. « *I'm a doer, a workaholic* » (« Je suis un homme d'action, et un drogué du travail »), me dit Ron Galella – « *I shoot, I shoot, I shoot* » (« Je prends des photos, des photos et encore des photos »). La table est recouverte de documents et de papiers. Il me dit avoir commencé à photographier dans la rue, parce qu'il n'avait pas d'argent pour s'offrir un studio. Ce métier, il le vivait comme la possibilité infinie de dessiner avec la lumière et l'ombre. Dans sa cave, il conserve trois millions de tirages. Gina, Lola, Liz, Greta… Elles sont toutes là. Lui qui a grandi dans le Bronx n'a jamais failli à ses six commandements : « *Exclusive / Offguard / Unrehearsed / Spontaneous / No appointements / The only game* » (« Séléctionner / Prendre par surprise / Etre impromptu / Et spontané / Refuser les règles / Le seul jeu »). En dehors de Jackie, il cultive une autre passion : les lapins blancs. Il n'a pas d'enfant. La seule silhouette vivante que je vis ce jour-là, ce fut sa femme, qu'il me présenta à la fin de l'entretien. Elle était dans la cuisine, accoudée devant l'évier, je ne la vis que de dos, au téléphone à mon retour, je me dis qu'il en fallait du courage, pour vivre parmi toutes ces stars.

Ron Galella est resté ce grand enfant qui s'amuse à me mimer de quelle façon il s'infiltre encore aujourd'hui dans les endroits publics cernés par ses meilleurs ennemis, les publicistes et les gardes du corps, avant de déplorer : « La célébrité est devenue une industrie, il faut être accrédité partout. » Sa gloire est d'avoir convoqué les plus grands sans jamais s'être abaissé à prendre un rendez-vous. Certains l'ont traité de rapace, mais n'est-il pas allé jusqu'à s'infiltrer dans l'école de John Kennedy pour le surprendre pendant le spectacle de Noël ? Il y a quelques années, il débarquait encore, avec sa caisse de bois, pour surprendre les idoles au pied du tapis rouge. « Le roi est parmi nous ! » lui lançaient ses jeunes confrères. Depuis, il a renoncé. « Les icônes ont disparu. » Bien sûr, il rêve de photographier Nicole Kidman : « Elle est belle, grande, mince. C'est une bonne actrice. Regardez Mariah Carey, Madonna, elles sont toutes petites. » Mais les temps changent.

Jeune, il lui est arrivé de se planquer derrière d'épaisses moustaches, sous une perruque, ou sur un toit, parce qu'il avait peur des rats. Il est resté si longtemps invisible ou déguisé par obligation professionnelle, que son visage nous est beaucoup moins familier que celui du photographe Mario Testino, par exemple, pourtant si inspiré par ses images. Ce qui ne l'empêche pas de jouer encore et toujours, et de continuer à inventer les pires stratagèmes : « Laissez-moi entrer, je suis paralysé, je dois être au premier rang... », implore-t-il désormais à l'entrée des soirées et des événements privés, en faisant de son âge son atout le plus fort. Aujourd'hui, il consacre plus de temps à ses tirages, veillant à renforcer les hautes lumières, à intensifier les noirs, selon les critères esthétiques imposés par les amateurs de grands formats vendus dans des galeries d'art internationales. Au sous-sol, il me fait entrer avec fierté dans ce cagibi rouge, éclairé à la lampe inactinique, antre de toutes les métamorphoses, où loupe de mise au point, compte-pose, pinceau soufflant veillent sur les personnalités en devenir, jaillies d'un bain d'arrêt d'acide. « Ma principale activité, ce sont les livres. » Il en a déjà publié onze, la plupart à compte d'auteur. Le dernier, consacré à Jackie, est un mausolée de papier blanc et or en images. L'ineffable Napolitain ne rêve que de continuer, jusqu'au bout, cette histoire pareille à un horizon sans fin. « Je suis un opportuniste. Je voulais être quelqu'un. J'ai décidé d'être Ron Galella. »

Sa détermination à toute épreuve est une parade. Elle est un rempart contre cette « panique » qu'évoque Michel Bouquet dans le prologue de *Mémoire d'acteur*[1]. A 86 ans, le comédien affirme : « On sent que les forces commencent à se disloquer, tout ça commence

1. Fabienne Pascaud, *Mémoire d'acteur*, Flammarion, 2011.

à traîner la patte à l'intérieur. Il y a un côté banquise qui se dégèle. Ça commence à s'en aller de tous les côtés… » Pourtant, trois paragraphes plus loin, la passion est là, intacte : « Curieusement, je me trouve être si proche de l'enfant que j'étais. Je suis resté un enfant naïf, très naïf. D'ailleurs, je pense qu'on doit essayer de rester un enfant tout le temps, parce que c'est l'âge où l'intelligence est la plus brillante. (…) Un acteur doit rester naïf, c'est-à-dire qu'il doit être intelligent sans le savoir, et pas là où il croit l'être. »

Cette naïveté, nous en avions été privés très tôt, ma mère la première. Enfant cachée pendant la guerre chez une paysanne, elle a gardé en elle des secrets longtemps enfouis. Brûlants comme les coups de bec des jars, ou le regard de son institutrice adorée, que la paysanne avait réussi à faire renvoyer, après avoir accusé la jeune femme de coucheries. Nous avons été nombreux à naître vieux, comme si nos parents n'avaient pu s'empêcher de prolonger d'une manière illusoire l'existence dont avaient été privés tous les autres, ceux dont un petit encart dans le carnet du jour du *Figaro* nous évoque furtivement la trace : « Une cérémonie rappellera la mémoire des déportés du convoi n° 46, parti il y a soixante-dix ans du camp de Drancy pour le camp d'extermination d'Auschwitz-Birkenau, avec à son bord 1 000 personnes, dont 123 enfants… » Ma mère a aujourd'hui 79 ans. Le temps qui passe jaunit les diplômes, estompe certains souvenirs, redonne du grain à d'autres, et fixe les angoisses d'une manière indélébile. « Elle dort encore? Elle n'est pas malade? » me demande ma mère à propos de ma fille qui fait la grasse matinée dans son lit rose. Elle peut se lever, mais il fait froid dans les couloirs de cet hôpital qu'elle a envie de fuir, une bonne fois pour toutes, dans l'attente promise d'un séjour en maison de convalescence.

Pour les femmes d'aujourd'hui, la vieillesse est d'autant plus injuste qu'elles la combattent sans trêve. Ces beaux messieurs aux cheveux poivre et sel me semblent insolemment plus respectés que toutes celles qui luttent, avec leurs fards, pour cacher leur solitude. Jusqu'à quel âge doit-on avoir les cheveux longs? Comment s'entretenir sans se déguiser? Comment lutter face à des poupées vivantes que la médiatisation a multipliées, de Valeria Lukyanova, la Barbie au tour de taille de 45 centimètres, à Anastasia Shpagina, la roussette manga? Que peut opposer la vie à toute cette beauté-fiction? A ces bouches en cœur, ces côtes en moins, ces extensions de cils, ces fesses bombées d'implants? La réponse de Sonia Rykiel demeure la plus implacable de toutes : « Ne vous laissez jamais gommer. » Dans son *Dictionnaire déglingué*[1], la créatrice s'est révélée davantage, comme pour mieux se

1. Flammarion, 2012.

cacher encore. Je retournerai donc voir cette rousse en diable qui m'avait dit un jour : « Le pantalon, c'est l'égalité avec celles qui ont de jolies jambes. »

Sonia Rykiel

Son entourage m'avait prévenue, *le jour même on ne sait pas*, elle sera peut-être fatiguée, alors il vaut mieux prévoir *deux* dates. Le jour J arrive, et le rendez-vous n'est pas modifié. Dans son antre noir quasiment perché au-dessus de sa boutique, elle veille, surveille, vous guette, alanguie, à vif. Chez elle, c'est « en face », j'arrive, elle bougonne contre les travaux, le bruit, le chat n'aime pas être malmené. Il se met en boule. Colère muette. Elle est là, assise, pieds nus, entrez, elle vous avale de son ombre. Elle, plus proche de la lune qui l'apaise que du soleil qui la brûle. Sous sa chevelure rousse, un matin d'hiver flambe en crépuscule, le gris devient or, le temps se love parmi les roses anciennes et le samovar, les perles et les crayons noirs gras. Cette voix de velours qui chuchote au visiteur: « Sans mémoire, on est perdu. La mémoire permet de mentir. » Le ton est donné. Sonia Rykiel vient de publier son *Dictionnaire déglingué*, un autoportrait en quatre cents mots et soixante-dix dessins inédits. Avant le rendez-vous, je suis tombée sur une de ses définitions. « Equilibriste : garder les yeux et les bras en l'air. » Sonia Rykiel, du fer dans la chair, un fauve en chaise roulante. Telle une aristocrate ayant fui la révolution russe. Elle semble avoir cousu ses bijoux dans ses ourlets, elle glisse, digne et tassée, et ses yeux soulignés de khôl s'enfoncent dans un visage que grignote encore et encore sa masse de cheveux roux. Depuis qu'elle ne signe plus personnellement ses collections, elle est devenue son propre fantôme, elle se vide de son histoire en la déroulant : « La vie n'a rien à voir avec la comédie. Tout doit être spectacle. Il faut donner le change, être "artificielle" ("pleine d'art"), se poser à l'envers puis à l'endroit, le faire sans contrainte, sans autorité, sans aucune pression, aucune violence. Juste le fait de partir dans le sens de l'histoire. Comme une marionnette classique, qui rafle tous les applaudissements. » Elle raye ses cahiers de mots, comme elle rayait autrefois ses pulls de lignes. Les mots s'étalent, chaque cahier est comme un sweater dont elle défait les fils en le tricotant. Elle avance au milieu de son désordre suprême, cette paresse agitée qu'elle nomme « état de grâce », elle qui se donne comme loi de ne jamais rien finir vraiment pour « laisser ouvert, à l'envers, pas d'ourlet, rien qui puisse terminer. Mourir ». Elle déborde du cadre. Elle est devenue ce « clown de luxe » dans la nuit pivoine. Dans son bastion d'odeurs, de saveurs et de signes elle se coule, rampe, divague, s'envole autrement, entre volupté et épouvante. Le texte qu'elle nous a un jour adressé à la rédaction résiste à tous les affronts de la mode et de la démode :

« L'obsession de la nuit, c'est celle du noir, de tout ce qui joue, et qui dévie. C'est le fusain, c'est l'ombre qui auréole le dessin ou le propulse. C'est un souvenir d'enfant, une auréole noire autour de ma taille, cette ceinture que j'ai volée à ma mère. Ce sont ces strass, comme des éclats de lumière, souvenirs encore de ces nuits étoilées que nous contemplions derrière la fenêtre, dans cette maison de campagne où j'ai été élevée. Mon cousin violoniste jouait *La fille aux cheveux de lin* de Debussy. La nuit, ce sont les yeux noirs. Ceux de Nathalie, ma fille. Des yeux dans lesquels on n'arrive jamais à rentrer. La nuit est toujours tourbillonnante, ronde. C'est le Palace, le Studio 54 à la fin des années soixante-dix, une ambiance étrange et floue. Le noir m'obsède, je sais qu'il faut le mériter. Pour s'habiller en noir, il faut être au-dessus de lui. J'aime le noir de la nuit, à cause de la lumière blanche. Quand on est rousse, on devient alors comme une panthère, un léopard. C'est ce qui m'a entraînée vers tous ces éclats, ces étoiles, partout, j'ai utilisé ces feux de la rampe. Des cuirs irisés, des bouteilles de parfums aux couleurs violentes. Des strass que je saupoudre sur les lunettes, les bandoulières des sacs, les talons. Les paillettes n'ont pas cette vibration. Le strass ne se laisse pas faire, il file comme un ver luisant, on ne peut jamais l'attraper. C'est un éclat de lumière qu'on pose sur soi, comme les spots sur les girls. Pour danser, pour étinceler. Moi je suis plutôt pour le culte de la personnalité… »

Sonia Rykiel se débat à l'intérieur d'elle-même, comme elle s'est battue contre tout ce qui entrave le corps, les pinces, les coutures, le bon ton. Son nom est une griffe en or sur fond noir, témoin d'une histoire qui s'efface devant elle, et dont elle perpétue moralement l'identité. Quoi de plus violent et nécessaire pour un couturier que de céder sa place, assister de son vivant à sa disparition, être là, parmi les invités du premier rang, quand on a passé sa vie, ou presque, dans les coulisses, pour apparaître au final. Unique, deux fois par an, pendant plus de trente ans. Il n'y a plus de bravos, plus de mercis, plus d'adjectifs ni d'essayages et de passages. Aujourd'hui, sa rivale, c'est l'autre en elle, cette douleur qui la cloue parfois, mais peut-être aussi, et surtout, cette effusion de pitié autour d'elle, pire qu'un corset, la ferraille des mots tout faits, ces *tu sais, elle n'est pas en forme*, et pire, les *tu en as pour combien de temps ?*

Petite, elle adorait entrer dans les tunnels. Sa silhouette se perd dans un grand flou noir, je remarque ses mains, si fines, la broche retenant son décolleté de crêpe, ses bagues, cette façon qu'elle a de séduire, envers et contre tout. Sa chevelure semble toujours trempée de teinture. Rouge comme une pomme de conte. Rouge et rebelle, encadrant un visage d'une pâleur extrême, pommettes saillantes à la Egon Schiele. Dans les plis de ses jupons, il y a peut-être des vieux bébés endormis. Avec le temps, elle a appris à dramatiser son personnage à l'extrême. « Mon obsession ce sont les enfants. Est-ce qu'ils vont rater le train. Ce sont des choses bêtes mais qui bouffent la vie. Si les trois petites ont quinze minutes de retard, je suis désespérée. » Son drame, c'est peut-être de ne pas les avoir mangées, de les savoir grandes, de n'être plus la nourricière ; se dire par exemple que son fils aveugle « va acheter, avec je ne sais qui, des pantalons chez Ralph Lauren » la désole, parce que, avant, c'était avec elle. En perdant l'usage de son métier, elle a perdu l'usage de sa vie, et réciproquement. Sa fonction suprême. « Tout ce qui m'arrête, me coupe, tout ce qui provoque un trou en moi me fait peur. »

En solitaire, elle dirige tout. « Assieds-toi en face de moi. » Il ne faut pas que je l'approche, l'axe de la lumière n'est pas le bon. Au bout de la table, un beurrier, des bouteilles de Coca-Cola Light. Mais quelle heure est-il ? Le temps lui aussi fait le chat. Son grand cahier trône comme un livre d'heures. Elle écrit, sûre d'elle et à tâtons, comme autrefois, pour échapper à l'enfermement qu'elle a bâti autour d'elle, cette relation impossible avec sa fille, Nathalie, présidente de Sonia Rykiel, dont elle écrit le prénom sur la première page de chacun de ses cahiers, comme pour exorciser leurs démons communs. Nathalie, les yeux noirs. Celle qui devant moi avait évoqué la cécité du « frère » né prématuré, les yeux brûlés par les lampes de la couveuse. Sonia Rykiel est seule, et curieusement je la trouve moins solitaire que lorsqu'elle est entourée. « L'écriture, c'est comme la musique, comme la liberté, ça se construit. » Au feutre noir, elle trace des phrases pareilles à ses silhouettes d'hier, portraits d'une femme en mouvement à laquelle elle s'adresse en silence : « Maquille-toi comme si ta vie en dépendait. Des lèvres rouges. Des yeux noirs. Du rose sur les joues. Sois double, sois triple, multiplie-toi, mais surtout sois unique. »

Le souvenir de mon premier défilé Rykiel ? Ce sont des femmes minces avec des seins. Sur les vêtements, pas d'épaulettes, pas de boutons, mais une souplesse nerveuse et habitée. Des silhouettes de cachemire couleurs de poudre et de fards, des filles qui avancent sur le podium en riant. Saint-Germain-des-Prés au Louvre. Elle leur a dit des choses en coulisses, c'est le seul show où les mannequins semblent parfumées, prêtes pour l'amour. Quelque chose résiste au temps, je revois les passages, je les croque, plus moelleux que l'intérieur d'un macaron. La première interview? Dans son bureau de la rue des Saint-Pères. J'avais été frappée par ses longs manteaux, ses cols de renard, ses boas suspendus, dans l'attente de dîners, d'échappées nocturnes. Un vrai boudoir de parfums, de fourrures et de carnets.

Aujourd'hui, elle ne sort plus guère, elle s'accroche à ces traits noirs qui la font vivre : « Le doute, ce n'est pas la confusion. C'est le déséquilibre qui s'insinue, qui approfondit, qui creuse. Il vaut mieux inventer qu'imiter. Douter, c'est partir d'éléments informes, tordus, obscurs, épars, pour structurer une œuvre. » En me lisant ce qu'elle vient d'écrire, elle se déploie, sa voix emprunte les chemins que ses jambes lui refusent. Une oratrice donc, car quand elle empale des mots, l'air se redresse avec elle. Je comprends que la force infinie est de croire, de se plonger à l'intérieur de soi-même pour en extraire tous les trésors enfouis. « Le désir fait vivre. Il y a plusieurs désirs. Le désir inquiet qui fait peur. Le désir juste, souple, je te désire. Celui qui comble, le passionné. Le désir qui te nourrit, parce qu'il est celui que tu aimes. C'est pour cela que je suis là. »

Je l'ai revue quelque temps plus tard, lors du défilé Rykiel. Elle était là, assise au premier rang. A ses côtés, le président de Li & Fung, un groupe coté en Bourse à Hong Kong, et qui venait d'acquérir la société familiale. Elle irradiait, rouge, blanche et noire. Pendant tout le show, elle n'a pas arrêté de parler au directeur France, assis à ses côtés. Mais que lui disait-elle ? Ses bras s'agitaient, comme deux longs serpents. Elle l'envoûtait. Elle était en action. Le show s'est terminé, c'était non seulement celui d'une autre, mais celui d'une autre galaxie. Pas d'histoire, pas de référence, pas de trace des filles au naturel. Nathalie Rykiel est venue saluer avec la nouvelle directrice artistique anglaise. Sonia a applaudi, un peu mécaniquement, comme un joueur de cymbales au rythme lent, doté d'une batterie secrète. Salomé, sa petite-fille, lui a remis un bouquet de fleurs, et s'est agenouillée à ses pieds en tirant sur sa robe trop courte. Etrange triangle qu'illumine la volonté d'être, de se défendre toujours. Je me suis alors souvenue de ses mots : « On ne se rend pas compte à quel point les problèmes qui nous assaillent font de nous une autre. Je lutte parce que je devine dans leur regard leur voix qui me dit “Reviens”. Je pourrais le faire. Et je vais le faire. Je vais y arriver. »

Depuis, cette phrase sonne en moi comme un cri de guerre dans la tourmente. C'est une leçon, voilà tout ce que j'ai envie de dire à ce jeune garçon aperçu aujourd'hui en pleurs à la sortie du Pavillon Castaigne. C'est la porte que j'ai parfois envie de défoncer, quand je sonne et qu'on ne me répond pas, parce que ma mère est « en soins », et que nous suspectons une nouvelle infection nocosomiale. C'est l'envers des mots tristes qu'elle rédige au marker sur son tableau magnétique, et que j'efface d'un coup de papier absorbant. C'est le dévouement de cette aide-soignante qui la secoue, lui dit que tout va bien se passer, qu'il faut qu'elle essaie encore et encore de respirer sans son tube, une heure, puis deux, puis trois par jour, quand cet interne de garde nous gratifiant de sa visite me dit sentencieusement : « Ce sera long », avant de s'éclipser en jetant la blouse bleue dans le sac-poubelle jaune de l'Assistance Publique.

Ce sont les images que j'aimerais communiquer en silence à ma mère, des moments doux et chauds pour dissiper l'odeur des malades, l'odeur des excréments qui résiste aux détergents. J'aimerais que sous ses yeux dansent les courbes de la Toscane, les collines pansues de la Forêt-Noire, les chalets aux tuiles en amande, avec leurs balcons de bois juponnés de géraniums. J'aimerais lui faire découvrir les clairières de Mitteltal aux chemins hirsutes où il fait bon se piquer les doigts en cueillant des mûres ; surprendre avec elle une biche dans son enclos et le cri d'un geai irrité par nos pas ; faire un puzzle avec quatre bouts de feuille d'érable. J'aimerais lui faire oublier la Normandie et la Bretagne, les pluies fines, les chemins de ronces, et tous les marins engloutis. Pour lui raconter Sils-Maria, ce bijou de l'Engadine ; tantôt Sils, infinie, aérienne, fluide comme l'eau des torrents, tantôt Segl, toute de rocaille et de spaetzlis raclés. Sils aux croupes moelleuses que chahutent les sauterelles. Segl aux troncs centenaires dont les racines, sur les chemins de terre, évoquent parfois les veines d'une main âgée, serpents végétaux bénis par l'ombre de ces mélèzes presque noirs. Sils en secret, hantée par les pas de Nietzsche, ceux de Thomas Mann, d'Annemarie Schwarzenbach ou d'Anne Frank qui venait ici dans les années trente, comme toutes ces petites filles blondes souriant poliment aux vieux messieurs en costume. Sils-Maria, et l'aristocratique quiétude du Waldhaus Sils, château familial auquel on n'accède qu'en se courbant, parce qu'il domine le site, tel un paquebot amarré entre terre et ciel, dans sa splendeur immaculée envahie d'oiseaux, de musique et de silence. Waldhaus Sils, avec ses longs couloirs ponctués de paires de chaussures de marche que les randonneurs laissent le soir devant la porte de leur chambre, abandonnant là la fatigue de ces marches en altitude, pour savourer, les joues en feu, une bonne culotte de bœuf braisée aux panais, ou un sauté de silure à l'autrichienne qu'auréolent pommes de terre violettes et dorées.

Au Bel Etage, une bibliothèque abrite l'intégrale d'Ibsen, et les Mémoires de Washington. Là, des vitraux isolent les lecteurs des écrivains, pourtant unis dans un même recueillement, et par ces vérités qu'ils ont atteintes, autour desquelles flotte cette atmosphère de poésie dont parlait Proust, « la douceur d'un mystère qui n'est autre que la pénombre que nous avons traversée ». Dans son effort pour remonter vers la lumière, ma mère m'envoie des signes.

Chaque jour est un jour perdu, un rendez-vous que je n'ai pas pris, une parole suspendue. Il y a ceux qui tombent, ceux qui résistent, ceux qui se rendent. La course qui est la mienne depuis vingt ans est bizarrement semée de pièges. Certains octogénaires me fuient, ils cavalent, ils zappent, ils s'échappent, prennent la tangente, ils n'ont pas une minute à eux, ils font des provisions de mois, d'heures, même s'ils savent bien que le temps ne s'achète pas au marché noir. C'est dans le théâtre, le show-biz, que la tension est la plus grande. « Il ne veut pas regarder en arrière, il a suffisamment parlé, donné d'interviews gratuitement… », me répond-on lorsque je demande un entretien. L'éloquence tarifée n'a pas de raison de se confier ailleurs que devant une scène. Autour d'elle, les corbeaux rôdent, amis imprésarios depuis trente ans et des poussières, ils font le guet, ils donnent un grand coup de bec à l'intrus. Voix rauque d'agent usée, odeur de tabac froid au téléphone. « Je vous dis que ce n'est pas la peine d'insister. » « Il est en tournée. » En tournée, mais cette bique arrogante lui a-t-elle seulement transmis le message ? Je suis comme un turfiste, un lecteur de petites annonces, je pointe, je raye, je fais des paris. La sève est ailleurs. Elle jaillit d'un mot, d'un sourire, d'une attention. Comme de cette manière qu'aura René de Obaldia de me souhaiter, dans un message téléphonique, « une vieille année toute neuve ». Ou dans le commentaire de Juliette Gréco, qui accepte de m'accorder un rendez-vous ce 21 mars en me disant : « Formidable, nous ferons des colliers de crocus ensemble. »

Juliette Gréco

Hôtel Lutétia, premier jour du printemps 2012. La Suite aux Ours sent la bête. Une lumière cotonneuse a envahi la pièce où quatre hommes rangent leur matériel. Cameraman, preneur de son, ils ont chaud, ils transpirent. Gras, fatigués. L'air est épais. Une silhouette en noir me salue, puis disparaît derrière la cloison, pas plus grande qu'une page blanche. Juliette Gréco vient de donner une interview. La promo. Tout ce qu'elle déteste. Quelqu'un a la bonne idée d'ouvrir la fenêtre. Première journée de printemps. Un soleil de plomb. L'attente. A Toulouse, Mohamed Merah est toujours retranché dans son appartement. Ce 21 mars n'a plus d'heures, il s'étire, paresseux, sous la voûte trop éclairée d'un ciel d'enfant. J'étais dans le métro quand l'attachée de presse d'Universal m'a prévenue que l'interview serait réduite à trente minutes. Depuis mon arrivée, on parlemente. On en est à un quart d'heure. Il fait chaud et tous les temps se chevauchent. Le temps de l'attente, celui de la mémoire, des souvenirs qui remontent ici d'un coup, sans se faire annoncer. « La guerre recouvre Paris d'une chape de silence, a écrit Juliette Gréco dans ses Mémoires. Chaque jour, comme des milliers de gens, je me rends au Lutétia, je scrute les visages émaciés et égarés des rescapés qui errent dans le hall à la recherche d'un proche. Ils sont vêtus de leur chemise à rayures de prisonniers, dans laquelle flotte un corps transparent. »

C'est bien là, au Lutétia, à la Libération, qu'elle a retrouvé sa mère et sa sœur Charlotte, rescapées du camp de Ravensbrück, avec « l'odeur de la mort qu'elles portaient sur leurs vêtements ». Près de soixante-dix ans ont passé. Une vie que rien ne semble près de rompre. Gréco, la Belle des Seigneurs pour laquelle Serge Gainsbourg écrivit « *La Javanaise* », est la gardienne d'un trésor, cette voix surgie de l'ombre, cette « douce lumière chaude » dont parlait Jean-Paul. Les mots, « elle les frôle, en allumant leurs feux ». Ample et généreuse, la voix de Gréco se love au fond de la gorge, prend de la masse, s'attarde, déroule la pente des graves de son accent parfois traînant, puis rebondit, effleure les aigus sans se briser. Gréco étincelle en vagabonde, comme un chat noir sur un accordéon de cristal, tour à tour enveloppante et nue. Juliette Gréco, née trois ans avant Barbara, n'a jamais connu l'affront fait à sa voix, cette « brisure » qui fit écrire à un journaliste de *Télérama*, à propos d'un album : « Des lettres déchirées qui nous parviennent sans enveloppe ni adresse. » La voix de Gréco ne change pas. C'est son être tout entier qui, en s'adressant au public, l'apostrophe, un peu mutin. « Il y a une chanson que je ne devrais plus chanter… Mais je la chante quand même. » A 85 ans, elle s'élance pour interpréter « Déshabillez-moi » devant mille personnes avec une puissance que sa jeunesse ne lui a jamais accordée. Elevée par ses grands-parents, elle a d'abord été celle qui parlait peu.

Sa force suprême est de « donner une forme aux mots ». Des mots qui font corps avec son public, celui qu'elle a tenu dans ses bras, trois soirs de suite au Châtelet. Des mots qui la prolongent à l'infini, l'accompagnent, délogent la peur, entre les confidences et les petits riens qui disent l'essentiel : « Je peux conserver une fleur jusqu'au dernier instant. Quand on leur met de l'eau chaude jusqu'au cou, elles vivent 24 à 48 heures de plus. Je ferais n'importe quoi pour cela… »

La chambre s'est rafraîchie, le calme est revenu. Elle se met en place, ombre funambule, dans ce silence qu'elle calligraphie d'un regard. Ma petite boîte clignote. Une voix, des yeux. Un chagrin dans la peau. Des faux cils sur un visage dont la pâleur naturelle est accentuée par ces fards qui sont depuis toujours sa protection, sa signature, sa manière d'être, femme-iris. Il y avait Barbara, l'oiseau noir, il y a Gréco, la louve. La Gréco, avec ses rites, ses obsessions, son petit miroir dans lequel elle dit ne voir qu'un œil. Clandestine en plein jour, arrêtée par la Gestapo à 16 ans, veuve à 19, la « canaille » est toujours là. Elle est l'interprète. Y compris dans l'effroi et le vide où elle se jette du dernier étage de sa vie. Avec passion, déterminée par ses doutes, elle semble dire : « Aimez-moi ou disparaissez. »

Pour Gréco, la retraite est un terme militaire. Chanter, c'est chanter ses combats. « J'aime ce qui vit. Je me bats pour que ce qui est condamné ne meure pas. »

Elle ne renonce pas, elle se tient là, jusqu'à l'épuisement, lorsque, à la fin d'un récital, elle sent « comme un petit ruisseau couler le long de (sa) colonne vertébrale ». Elle dit éprouver pour certains une ferveur totale, absolue, dévastatrice parfois. Ce désir est sa sève. Elle dit qu'on peut aimer davantage en donnant ce qu'on n'a pas reçu. Elle s'est construite dans la communion « avec son public ». Elle qui montre tout sans rien laisser voir : ce corps qu'elle cache, et dont de rares photos prises à la fin des années cinquante révèlent les bras. « Dans le noir, je n'ai pas de corps. » Elle redoute l'éclat qui la dépouille, le rayon qui la transperce : « Je suis une femme du Sud. Le noir, c'est un refus d'être touchée. » Elle nage toujours avec un maillot à manches longues. Il lui arrive de tomber, de se cogner. L'épreuve de la douleur l'a physiquement immunisée contre tout. A l'exception « des serpents et des cons ».

« Elle a trop d'esprit pour vieillir », a dit un jour Christophe Miossec, l'un de ses nouveaux Roméo, avec Benjamin Biolay, Laurent Cugny, Art Mengo, tous fascinés par le phrasé expressionniste de cette « anti-chanteuse » qui s'est un jour définie comme « une grosse boule noire de mystère que l'intelligence et le talent devaient attirer ». Elle se tient au bord du canapé, avec ses « Belle de Jour » Roger Vivier vernies noir, et son costume sombre. Sur le fil. Comblée et rompue. Calme et hantée. Paris dans sa chair. Et elle comme un Pont Juliette entre toutes les rives de sa vie, Prévert, Trenet, Brel, Ferré, Brassens ou Gainsbourg. Celle qui vous embarque, sans ticket à composter ni bon de sortie.

« Nous sommes les enfants du silence, de la prison, de la torture. De l'humiliation. Donc nous savons ce que la liberté veut dire. Nous sommes aussi des enfants de la Libération. Nous connaissons le prix de toutes les choses qui semblent si simples. Parler, dire, crier, combattre, on sait. » Elle ne lit pas un texte, il est imprimé en elle, chaque syllabe prend une intonation particulière, dans le calme de cette chambre où, comme par magie, elle fait le vide, expulse tout pour aller à l'essentiel. « Ce n'est pas le choc, mais le prix des mots. On sait à quel point parler est un danger. » Certaines de ses chansons furent censurées à la radio. « Ma vie, ce sont des mots. J'ai été nourrie par l'imaginaire. » « Ma sœur parlait à ma place. Maintenant, elle sort à ma place. Elle est rousse, elle a les yeux jaunes. On la prend pour moi. »

Dans l'océan des salles obscures, elle sait aussi dévisager la Mort, avouant l'humiliation de la peur. Elle lui parle dans « J'arrive », cette chanson écrite par Jacques Brel. Passé le concert, elle philosophe : il y a deux morts. La mort clinique. On connaît. Et puis il y a l'oubli. La vraie mort. « J'ai en moi plein d'êtres disparus mais vivants. Ceux que j'aime vivent au fond de moi. Dans ce truc qu'est le thorax, il y a le moteur… »

Si pour elle, la force vient des visages et des voix du passé, de l'énergie accumulée, jamais vraiment dispersée, pour d'autres, aujourd'hui, le moteur ce sont les ostéopathes et les acupuncteurs des beaux quartiers qui savent le réparer. « Mes clients sont des Ferrari », m'a dit un jour l'un d'entre eux. « Carrosseries de luxe, je les soigne pour qu'ils soient au top… » Un samedi matin, un père prend son petit déjeuner avec son fils chez Carette. J'entends leur conversation sous les plateaux des serveuses aux chemisiers roses. Ici, les oranges pressées comptent parmi les icônes de Paris, et les vieux qui venaient prendre seuls leur *coffee pot* commencent un peu à disparaître sous l'assaut des familles bruyantes et recomposées. Le père explique à son fils qu'il ne mémorise plus rien, avant il pouvait, en lisant une page deux fois, mais là, tout s'efface, les lettres dansent. Le garçon doit avoir 10 ans, le père, pas plus de 40. Il porte un pull camionneur de cachemire, son visage non rasé révèle l'épuisement *corporate*, et c'est comme si son cou portait les traces de la chemise qui l'a garrotté toute la semaine. J'ai parfois l'impression que nos têtes se minent elles-mêmes, dévastées par l'afflux de messages électroniques, d'images, de *tweets*, ce flux ininterrompu de tout ce qui justement disparaît dans la vraie vie. Les campagnes publicitaires exaltent la famille et la convivialité que chaque minute passée sur notre iPhone grignote un peu plus. L'existence est de plus en plus longue, mais la mémoire se sauve, s'évapore, comme le lait que nos grands-parents faisaient bouillir pour nous dans des casseroles au manche de bois. Masquée par l'illusion de tout savoir, tout maîtriser, la connaissance devient de plus en plus volatile : la moitié des données disponibles sur le Web a moins de deux ans. Y aura-t-il autant de différence entre nous et nos enfants qu'entre les premiers sous-marins et les robots téléopérés ? Qu'entre les horloges à complication et les androïdes ? Les cyborgs nous étudieront-ils dans un siècle comme les derniers représentants d'un monde où l'on pouvait encore décrire le bruit des pages, sentir l'odeur des livres rien qu'en les tournant ? Ecouter le silence des bibliothèques ? Auront-ils, comme Reeti, le robot qui exprime des émotions, des caméras HD à la place des yeux, et une peau déformable à l'infini pour marquer leur colère ou leur ennui ? La « vallée dérangeante » évoquée par les scientifiques, à propos des créatures anthropomorphes développées pour ressembler aux humains, fait désormais partie de notre paysage quotidien. Les robots seront-ils les plus merveilleux auxiliaires de vie du monde ? Les plus aptes à comprendre, à servir, à nettoyer ceux qu'on célèbre pour mieux les éviter ? Tel est le sujet du conte d'anticipation mis en scène par Jake Schreier dans *Robot and Frank*, un premier film dans lequel un étrange cambrioleur à la retraite retrouve le goût de vivre grâce à un robot que son fils lui a imposé contre son gré. Malgré tout, le vieillard reste lucide : « Je lui donne vie et lui apprends des choses, mais il n'est qu'une machine », assure Frank Langella, le héros de cette fable singulière.

On a beau nous expliquer qu'Eros s'invite chez les seniors, qu'un octogénaire sur quatre est sexuellement actif, quelque chose s'efface sans bruit, au bord de l'amnésie collective, de la dissolution du savoir dans cette grande machine à laver les cerveaux. Celle qui fait de nous des émetteurs et des transmetteurs accomplis, dont chaque doute est perçu comme un symptôme de bipolarité, une manifestation évidente de surmenage. Parler de mélancolie à New York est le meilleur moyen de faire le vide autour de soi, d'anéantir sa vie sociale, c'est peut-être pire que de se promener avec une pancarte *I hate niggers* dans Harlem. La mémoire, ce sont les pas des vieux de plus en plus inaudibles, en deçà de nos rythmes fous, qui s'éloignent, s'écartent, débrayent. De leurs pas au ralenti, ils étirent un temps qui n'est plus. Ils sont en chaussons dans la rue, portent, comme Trintignant dans *Amour*, des vieilles sneakers chez eux, l'extérieur et l'intérieur se confondent. Enfermés au-dehors. On dirait que leur seule façon de se faire entendre est de tomber. Dans la rubrique « En bref » du *Figaro*, je lis : « Une femme de 83 ans s'est suicidée dimanche matin en sautant du dix-septième étage d'un appartement situé dans le quartier Saint-Loup, dans le dixième arrondissement de Marseille.

Elle n'a pas pu être ranimée par les secours arrivés sur place. » Est-ce parce que je m'intéresse à eux que cela me choque soudain, ou parce qu'ils sont vraiment de plus en plus nombreux à tomber, à se perdre, à se consumer ? En France, trois mille d'entre eux ont mis fin à leurs jours en 2012. Peut-être plus l'année prochaine. Nos solitudes interactives ne sont rien à côté de ces errances-là, plombées par la douleur physique et l'impossibilité de communiquer. Il ne s'agit pas de dépérissement, mais d'autre chose. A Paris, un dimanche, à l'heure des meringues, j'aperçois une grand-mère, seule, qui prend le soleil, sur un banc dans la rue. Pourquoi là, et pas dans un parc ? Pourquoi s'est-elle laissée glisser du bus pour s'exposer, dans son demi-sommeil, aux regards de tous ceux qui passent, pressés d'aller déjeuner en famille ? « Ma mère dit qu'elle ne sert plus à rien. Parfois, elle oublie de manger… »

Soudain, je repense à ces vieux moniteurs de ski, regroupés dans une association de défense afin de continuer à exercer leur métier. Je me souviens d'eux, à Crans-sur-Sierre, à La Clusaz. Ils n'affrontaient jamais la piste de face, ils la redessinaient de leurs skis fartés, godille souple dans leur fuseau noir, jockeys des Alpes en casaque rouge qui nous apprenaient l'art du chasse-neige et du planter de bâton avec l'élégance des maîtres de danse d'autrefois. Ils slalomaient sur leurs pattes d'oiseau, les bras ouverts et souples, les genoux toujours en suspension, comme montés sur de fins ressorts, plus attentifs au style qu'à la vitesse qui nous obsède désormais. Eux prenaient le temps. Souvenirs en exil pour lesquels la lecture est encore et toujours le plus précieux refuge. Relire la scène III de l'acte 1 du *Cid*, douloureux affrontement entre le Comte, opportuniste héros musclé du jour, et Don Diègue, le valeureux soldat dépossédé de sa force physique. Une vie en un jour effacée. Les vers que je croyais avoir enfouis, oubliés, me reviennent, comme dans un rêve, dans la voix de mon fils, qui me récite sa tirade, ce soir en pyjama. Vieillir n'est pas dépérir, c'est peut-être retrouver les traces.

Nous sommes tous en sursis. Nous, les anciens jeunes, assommés par les dossiers spéciaux des magazines, et les statistiques qui n'invitent pas à croire en l'avenir : 1,5 million de personnes âgées sont aujourd'hui dépendantes, et leur nombre doublera d'ici cinquante ans ! Les magasins de prothèses auditives se multiplient, nous serons bientôt sourds à cause de toute la musique que nous avons téléchargée sur nos iPod, victimes d'épouvantables arthroses aux pouces. Tout se précipite. Danielle Mitterrand, que je devais rencontrer une semaine plus tard, venait d'être hospitalisée, et placée en coma artificiel. Elle m'avait chargée de lire ses livres et de poser à l'avance des « questions intelligentes ». Je n'en ai pas eu le temps. Elle est morte avant. Sonia Rykiel venait de révéler, dans *N'oubliez pas que je joue* [1], un livre coécrit avec Judith Perrignon, sa maladie sous le titre « P de P » :

> *Je sais que le P de P hypnotise le corps,*
> *l'esprit doucement.*
> *Qu'il laisse le regard vide, perdu.*
> *Loin de tout.*
> *Qu'il vous repousse, vous empêche*
> *de vous intéresser,*
> *Qu'il vous tire les traits,*
> *Vous donne une sorte de fièvre,*
> *Qu'il vous courbe comme si vous aviez*
> *quatre-vingts ans,*
> *Qu'il est un cauchemar…*

Jean-Louis Trintignant allait fêter ses 81 ans. Plus d'un demi-siècle après ses débuts, dans *À chacun selon sa faim*, il se produisait pour trois soirs au théâtre de l'Odéon, maître d'une « lecture musicale » consacrée à trois poètes libertaires : Prévert, Vian, Desnos. Autour de lui, un violoncelliste et un accordéoniste ponctuèrent de leurs notes ces mots lancés comme des appâts avec, au bout de la ligne, le public, silencieux,

1. L'Iconoclaste, 2012.

ému, presque prostré. La salle était pleine. Je pensais à ce tableau de Cézanne, à son horloge sans aiguille et ce coquillage énorme, presque sanguinolent, posé à côté d'un citron tout frais.

L'énergie que la vie raréfiait se déployait ici pour reprendre ses positions. Comme une ceinture de lumière au-dessus de tous les petits apitoiements et les scléroses de la vie. L'homme se tenait là, en pleine possession de lui-même, son jeu maîtrisé à l'extrême. Sweater noir à col rond, pantalon noir, chemise blanche, Jean-Louis Trintignant m'apparut tel l'éternel amoureux de Juliette dans *Et Dieu créa la femme*. Il n'avait plus d'âge, il était le propriétaire d'un château du Temps aux pièces hantées, lui, ce jeune homme bien né, neveu d'un coureur automobile, viticulteur produisant un côtes-du-rhône nommé « Rouge Garance » en hommage à Arletty. Sur scène, il s'accomplissait encore et toujours, avec sa manière unique de sortir du cadre, il était le déserteur, l'évadé d'un royaume d'anges et de rocaille. Il serait à jamais l'inconsolable, même lorsque la nature le réconciliait avec lui-même, dans « le parfum de l'herbe grillée de juin », et la vision du « fond vert de la mer ». Au milieu des mots, il se glissait comme un chat. « Je voudrais pas crever avant d'avoir goûté la saveur de la mort. » J'aimais sa voix chaude et lente, cette manière d'invoquer l'amour dans l'absence, d'irradier dans la pénombre, en y semant des cailloux de soleil, pour nous offrir ce moment de rêve les yeux ouverts.

Seul devant tous, « dans (sa) maison qui n'est pas ma maison », blessé, mais jamais rompu. « Les rêves parallèles », « la double respiration », « l'aurore prolongée », « les minuits identiques », « les mêmes fantômes »; les signatures se télescopaient, unies par la même obsession, l'Amour. L'Amour à mort teinté de douces promesses devant le spectacle des « nuages en habit qui s'en allaient à la noce », ou l'invitation légère, voilée, désabusée, au bonheur – « Et si on essayait d'être heureux, ne serait-ce que pour donner l'exemple ? » Sa silhouette faisait corps avec l'espace, s'avançant, se retirant comme la mer, dans le silence d'une suite de Bach interprétée par Daniel Mille. Sur chaque mot, il semblait verser un peu d'or, de lumière, sans rien éblouir, ou brûler. « J'ai tellement aimé ton ombre. J'ai tellement couché avec ton fantôme qu'il ne me reste plus rien de toi », disait-il en citant la dernière lettre écrite par Robert Desnos à sa femme, mort au lendemain de sa libération. Au bout d'une heure trente, le public le noya sous les applaudissements, il était debout, comme pris de vertige, les deux mains accrochées à celles des musiciens. Tout débordait. Ils le tenaient si fort qu'à la fin, lorsque le rideau tomba, je les pris, dans un éclair, pour des infirmiers en noir. Il voulut revenir, mais le spectacle était fini. L'ombre s'enfuit, mais elle ne se résorbe jamais, elle est là, en nous, pour toujours, dans cette façon qu'il a de nous échapper, de dire : « Je suis un mort encore vivant, quelqu'un qui n'attend rien, qui est passé de l'autre côté. »

Le citoyen d'Uzès a fait du silence une demeure. Il affirme passer beaucoup de temps dans les bois, parce que la solitude est l'essence de sa vie. Comme si l'acteur qu'il a été, qu'il continue d'être, sans doute au sommet de son art dans *Amour* de Haneke, défendait, envers et contre tout, son personnage. Dans ce film joué comme une pièce de théâtre, un huis-clos ayant pour unité de lieu un appartement bourgeois, la maladie, la mort, la démence s'infiltrent sans bruit chez un couple, jusqu'à l'épuisement de l'homme qui finit par étouffer sa compagne, comme pour en finir avec l'impossible douleur de vivre son anéantissement : « Si on est comédien, on se met sans cesse en danger, on joue avec ses blessures, on gratte les croûtes, on se fait mal, ce qui est indispensable. » Face à lui, Emmanuelle Riva, l'épouse adorée par laquelle le drame arrive, et Isabelle Huppert, la fille unique, paralysée par l'incommunication, sont les protagonistes d'un film-palimpseste, dans lequel chacun projette sa propre histoire. A force de maîtrise dans le jeu, Trintignant réussit à donner au public l'impression qu'il ne joue pas, qu'il est là, au plus près de nous, qu'il se noie dans ce couloir, que ses hallucinations sont nos propres cauchemars, que nous partageons tout, dans le silence et les larmes, de ce bonheur dévasté.

Jean-Louis Trintignant a refusé de me rencontrer. Le timide, l'amant, le pilote de course, le joueur de poker a préféré, aux gaz d'échappement parisiens, « la musique des mots » qu'il savoure dans la maison qu'il habite depuis 1975. C'est un père orphelin de sa fille, morte sous les coups d'un autre homme, c'est un veuf du temps, un solitaire que la culture du vin et celle des oliviers nourrissent d'une manière extraordinaire, sans l'ombre d'un regret pour les bavardages de la capitale. Il confiait à son ami André Asséo : « J'ai dû être ambitieux, mais je ne m'en souviens plus. » La poésie est plus que jamais un refuge, aussi dense que la forêt dans laquelle il aime goûter l'absence de bruit. Il dit qu'il fait semblant de vivre, que son existence n'est que l'ombre de ce qu'elle fut, mais il est là, dans la vie, comme sur la scène, comme pour nous dire que la perte, autant que la souffrance, est inconsolable. Cet « homme du silence » a trouvé au fond de lui-même une autre vérité, et la force de la transmettre. « La vieillesse, on ne m'avait pas prévenu que c'était si dur (...). Il faudrait qu'on nous le rappelle plus souvent, mais sans jouer les vieux cons qui s'obstinent à embêter les jeunes en leur serinant le même discours. Il faut dire aux jeunes : "Vivez bien !

Soyez heureux ! Ne vivez pas une vie de devoirs et de soumissions !". Si on fait des choses utiles, le travail peut aussi être un bonheur [1]. »

J'avais été d'autant plus sensible à la performance du couple d'*Amour*, que la réalité rattrapait la fiction. « Nous n'irons pas en Bretagne, ta mère a des insomnies, ça risque de tourner au cauchemar. » Il signait « Papa ». Ses mails ressemblaient à des télégrammes. Quand il décrochait le combiné du téléphone, il disait « Oui, j'écoute », il était si bref que je ne crois pas avoir eu une conversation de plus de deux minutes avec lui. A 85 ans, il restait fidèle à ce qu'il avait toujours été, et ce qu'il était devenu, lui ex-rédacteur en chef de la revue de cardiologie *Cardinal* ne voulant rien voir, rien entendre, rien entreprendre d'autre que la rédaction d'un nouveau livre, une conférence sur les maladies orphelines, dans cette maison où le quotidien affichait des signes de détresse clinique. Une pomme de douche qui fuit, une moquette décolorée par l'usure, un robinet de cuisine démonté. Et nous. Et elle. Il parlait des « troubles de l'humeur » de « ta » mère. Son expérience de médecin était une sorte de paratonnerre derrière lequel il réservait sa part de désespoir et d'impuissance mêlés, bougonnant parfois un « C'est pas vrai » lorsque, devant moi,

1. Jean-Louis Trintignant, *Du côté d'Uzès*, entretiens avec André Asséo, Le Cherche-Midi, 2012.

électrisée par le Cortancyl, elle l'insultait depuis son lit d'hôpital. Je la revois lui déversant toute sa vie, comme du linge sale. Les fameuses pilules avaient ce pouvoir désinhibant qui lui faisait tout dire, y compris l'irréparable. Sale médicament dont un ami m'avait dit : « Ma mère était devenue une autre, elle avait même des moustaches qui lui avaient poussé. » Ma mère m'avait dit un jour : « Ne m'approche pas, je sens mauvais. » C'était étrange de me retrouver là, les yeux embués de larmes, à lui passer une lingette sur le buste, sa peau était toute blanche, veinée de bleu, elle avait maigri du haut, et ses jambes, gonflées, pleines d'eau, accusaient dix jours d'immobilisation forcée dans ces draps jaunes de l'Assistance Publique, devant cette télé qu'elle ne regardait jamais, parce qu'elle ne pouvait rien voir, rien lire, rien entendre, que le monde rétréci explosait dans sa tête. Quant à mon père, l'âge ne l'avait pas atteint, il continuait à écrire, à plancher sur le thème de l'apnée du sommeil, à faire des comptes rendus de pièces de théâtre pour Guysen.

Chacun défie le temps à sa manière. Dans le hall du Meurice, je croisai plus tard un spécimen bipolaire : ayant perdu quinze kilos grâce à son régime hyperprotéiné, et vivant désormais en Suisse, Françoise avait fait de la minceur et de l'exil une parade au temps. Mais rien ne semblait davantage la vieillir que ce visage creusé et ce manteau de vison porté, jambes nues, avec des Louboutin. Elle donnait l'impression d'être en fuite, de vouloir échapper à sa propre ombre. En la voyant, je repensais à Iris Barrel Apfel que j'avais rencontrée à New York. Elle, à l'inverse de ces clones féminins agrippés à leur jeunesse déjà partie depuis longtemps, était une véritable excentrique, une femme chez laquelle la vieillesse sonnait comme un rire d'enfant.

Iris Barrel Apfel

Longtemps, Iris Apfel a fumé quatre paquets de cigarettes par jour. La dernière fois, c'était il y a cinquante ans. Une éternité, c'est-à-dire un instant. A 94 ans, cette créatrice de bijoux, connue pour sa fabuleuse collection de mode « vintage », se définit comme une *geriatric starlet.* Elle pourrait bien être la plus vieille teenager du monde. Avant notre rendez-vous, sa première question fut : « Y aura-t-il un photographe ? » La deuxième ressemblait à une affirmation : « *I should have my nails done* » (« Il faudra que mes ongles soient faits »). Des ongles rose technicolor contrastant avec ses cheveux gris, fins comme des plumes, et ses lunettes géantes noires. Farouche, Iris Apfel a revêtu un costume en denim pour m'accueillir dans son appartement de Park Avenue envahi de vraies et de fausses plantes, de tableaux de maîtres et de bibelots de pacotille. Derrière des fenêtres aussi opaques que des paravents chinois, un vieux climatiseur crachote l'air humide de Manhattan. Dans son boudoir orientaliste, où des singes de porcelaine tutoient des palmiers en métal or et des coussins de macramé, le soleil ne pénètre pas ou peu. Comme au théâtre, le vrai et le faux se télescopent, au point de brouiller toutes les pistes. Au dix-neuvième étage de cet immeuble cossu d'Uptown où nul n'entre s'il n'est annoncé, le visiteur a la sensation d'être sur un tapis volant quelque part entre Mumbai, Istanbul et Venise. Un kitschissime autel de livres d'art entoure un arbre illuminé : « On ne fête pas Noël, c'est juste un état d'esprit. » Un lion de bois avance ses pattes chargées de bracelets de bakélite. Un petit singe de porcelaine joue du violon près d'un sac en papier géant IRIS APFEL POUR MAC.

Iris Apfel ne possède ni téléphone portable, ni iPad, elle correspond par téléphone et par fax uniquement. Elle sait parfaitement qu'autour d'elle le monde a changé, au point d'avoir intitulé son discours magistral donné à l'université du Texas : « *Fashion is not a red carpet bubble* » (« La mode n'est pas une bulle de tapis rouge »). Les allers et retours entre New York et Austin ne lui font pas peur, même si la dernière fois, on lui a volé sa valise. Ayant pris du retard à cause de sa chaise roulante, elle n'avait pas pu accéder aux tapis à l'heure… Son enthousiasme demeure intact. Aux élèves, elle a tenu à montrer toutes les facettes du métier, les emmenant chez Bergdorf Goodman, dans les réserves du Costume Institute ou dans le studio de création de Kate Spade. Elle continue de travailler seule, sans assistant, sans attachée de presse, avec pour seule étoile son intuition. Si technologiquement parlant, elle assure « vivre au XIIe siècle », l'avenir, le vrai, est devant elle : un contrat d'égérie avec les cosmétiques Mac, une licence de lunettes, une ligne d'accessoires vendus à l'occasion d'un TV Show en Floride, où elle se rend quatre fois par an. « Il y a vraiment un manque de sacs entre 230 et 550 dollars », assure cette excentrique amazone, une Loulou de la Falaise qui aurait vieilli sans cocaïne, amoureuse de grigris et de cafetans brodés qu'elle mélange en coloriste-née avec les pièces de son vestiaire griffées Gianfranco Ferré, Ralph Rucci, Geoffrey Beene ou Norman Norell. Le salon est envahi par deux imposants portants auxquels sont suspendus des centaines de vêtements sous housse. Sont-ils en transit ? Ou sont-ils là pour toujours, comme des amis fidèles sur lesquels elle veillerait en silence ? Nul ne le sait. En se réduisant, son espace vital a laissé plus de place à la chambre des chimères, et c'est bien là où Iris Apfel semble le plus à l'aise. Elle adore *Vogue Italie*, Alber Elbaz, et capte avec une acuité hors pair tout ce qui circule et tout ce qui se fait. Qui d'autre qu'elle pourrait dire, avec la même innocence : « *I'm not a Cindy Sherman person* » ? Et lancer, avec ce détachement cinglant : « Le seul point commun entre Miuccia Prada et Schiaparelli, c'est qu'elles sont toutes les deux italiennes » ?

« Attitude, attitude, attitude !! » Tel est son motto. Le pire des fashion faux pas à ses yeux ? « Se regarder dans le miroir, et voir quelqu'un d'autre à la place. Le problème de beaucoup de femmes aujourd'hui c'est qu'elles ne se sont toujours pas trouvées. Ce n'est pas en imitant les autres ou en se rajeunissant à coups d'injections de Botox qu'elles se sentiront mieux. » Iris Apfel n'aime pas la junk food et s'interdit les bonbons autant que les sodas. « *I'm not a lady who lunches* » (« Je ne suis pas une femme qui déjeune »), clame-t-elle. Elle vit avec son mari de 97 ans, avec lequel elle partage le parfum *Yatagan* de Caron, soigneusement consigné au réfrigérateur. La vie est une affaire de séduction. Sa mère l'a quittée à l'âge de 100 ans, l'avenir est donc devant elle. Dans sa voix, tout New York est là, témoin d'un monde dont elle est sans doute l'une des dernières survivantes. Il y a cinq ans, Harold Koda, le conservateur du Costume Institute du Metropolitan Museum, lui consacrait une exposition, augmentée d'un livre signé par le photographe Eric Boman sous le titre *Rare Bird of Fashion : The Irreverent Iris Apfel* (« L'oiseau rare de la mode, L'irrévérencieuse Iris Apfel »), réédité depuis. Associer un chapeau de doge et une broche de harem, un manteau Dior signé Galliano à un jean, ou des bracelets mauresques et un masque vénitien fait partie de son agenda quotidien. Cette Park Avenue lady, assure être née avec « un *souk sense* ». Sans heurt, elle provoque des rencontres Nord-Sud inédites entre un manteau de mariée tunisienne et un foulard Givenchy des années soixante-dix, un sweater Krizia et une jupe en soie damassée multicolore ayant appartenu à une dame de cour de la dynastie Qing. Longtemps, Naples fut l'épicentre de ses voyages méditerranéens au cours desquels elle arborait cafetans, turbans de couleur et bijoux ethniques avec la même décontraction sophistiquée.

Petite-fille d'un tailleur russe, élevée dans la partie résidentielle de Long Island, elle reçut une éducation parfaite. Son père, cosmopolite et cultivé, lisait Shakespeare et connaissait le prix du fromage dans chaque ville du monde. Sa mère, très pragmatique, lui a transmis un enseignement majeur : le goût du shopping. Le monde entier, Japonais en tête, courtise aujourd'hui cette ex-décoratrice devenue muse bohème pour qu'elle leur donne ses recettes. La première est qu'elle n'en a pas. « Tout ce que j'ai fait dans ma vie, c'est par instinct, et ça continue », assure cette artiste de l'apparition, collectionneuse assidue et cosmopolite allergique à toute idée de classement. Americanas, portraits de chiens, opalines, chaises étranges, colliers barbares et atours animaliers, serpents en tête. Sa mémoire est telle qu'elle peut évoquer aussi naturellement le chien indigo d'Elsie de Wolfe que les robes de Jules-François Crahay chez Lanvin, dont elle fut l'anonyme groupie.

Iris Apfel doit ses « révélations » à des rencontres. Rencontres avec des personnalités : de Duke Ellington à Bruce Weber, qui fait partie de ses amis intimes, en passant par Estée Lauder, l'une de ses plus fidèles clientes du temps où elle était décoratrice. Rencontres avec des objets : son premier « trésor » ne fut autre qu'une broche sertie de pierres, chinée à Greenwich village pour 65 cents. Sa vie est un scrapbook, où l'odeur de *Mitsouko* se mêle au bruit d'un glaçon dans une carafe en cristal, sur un air de cha-cha. Avec Old Weavers, la compagnie qu'elle créa avec son mari Carl dans les années cinquante, le duo connut un véritable succès, recréant à l'identique des tentures pour la Maison-Blanche et des producteurs hollywoodiens. Elle se souvient encore de la cliente qui lui reprocha de ne pas avoir mis des livres à jaquette verte dans la bibliothèque verte…

Iris Apfel n'a pas eu d'enfant, mais elle a les larmes aux yeux quand ses acheteurs expriment, à travers leurs choix, une forme d'amitié, de reconnaissance, de goût pour la différence. « Ici tout devient tellement pareil que j'ai l'impression d'avoir inventé la pénicilline », dit-elle encore. Iris aime les vraies fleurs et les faux bijoux, et a fait de l'extravagance une profession de foi : « Le style est impossible à définir. C'est comme le charisme. Il se reconnaît tout de suite. Contrairement à la mode, il ne peut s'acheter. » Le « *It has to be beige* » (« Il faut du beige ») de Lady Mendl, et le « *Pink is the navy blue of India* » (« Le rose est le bleu marine de l'Inde ») de Diana Vreeland font écho à sa devise favorite : « *Never take yourself or an outfit too seriously* » (« Ne prenez pas un vêtement ni vous-même trop au sérieux »). « C'est un bijou pour éléphant ! » lui dit un jour un marchand, aux Puces, à propos d'une extraordinaire parure en argent. « Je le prends, répondit-elle. – Madame a un éléphant ? – « Bien sûr ! Tout le monde à New York en possède au moins un ! »

La vieillesse n'est pas un problème pour elle, d'autant qu'elle n'a quasiment jamais fêté son anniversaire. Et pour cause, il tombe le 29 août, quand tout le monde est encore en vacances. Elle qui avoue rester parfois « deux jours au lit, sans pouvoir bouger », se révèle dotée d'une force extraordinaire.

Debout, être c'est jouer. C'est choisir les souliers les plus fous du jour. C'est fuir par-dessus tout l'ennui, et lui préférer pour toujours « les Puces, une conversation amusante, l'amour, le travail et l'humour ». C'est ainsi qu'elle entretient avec son propre personnage un dialogue sans complaisance, pratiquant la séduction en déjouant le regard de ses interlocuteurs, derrière ses énormes lunettes noires : « A partir d'un certain âge, quand vous mettez du fard vert sur les paupières, le risque, c'est de ressembler à une vieille tortue. » Pieds nus dans ses mules brodées à l'effigie du drapeau américain, elle peste contre « le minimalisme » et profère sa devise en chantant : « *More is more, and less is bore* » (« Plus c'est mieux, moins c'est l'ennui »). Oui, décidément, chez elle, l'âge a valeur de particule.

Aujourd'hui, je me défends avec ce livre qui me protège en accueillant mes veilleurs de nuit, mes complices aux tempes d'acier. Mes vieux, je les serre contre mon cœur, j'aurais aimé appeler ma grand-mère, TAITBOUT 49-66, elle aurait dit oui « kestsoleh », j'aurais senti l'odeur si particulière de ce combiné noir, mélange de poudre de riz et de *Shalimar*, l'aurais imaginée assise sur sa petite chaise de style Directoire, en train de désentortiller le fil du téléphone de ses doigts aux ongles peints à l'ancienne, avec une « lunule », précisait-elle à sa manucure.

Alors que je lui parlais de ce livre, mon ami Régis Franc m'a montré une vidéo de son père, 96 ans, chantant « J'attends le train », la chanson des camps, qu'il n'a cessé de siffloter pendant son évasion. Régis, que je connais depuis vingt ans, se met à me raconter à son tour l'histoire de sa famille, sa mère, morte alors qu'il n'avait que 12 ans, ce terrible secret caché par son père à sa propre fille. Lorsque celle-ci apprit que sa mère n'était pas au sanatorium, mais décédée depuis de nombreuses années, elle se jeta sous un train. Son père se met à parler occitan comme ma grand-mère s'était remise à parler polonais, et il nous regarde depuis l'écran du Smartphone ; il semble heureux, derrière ses énormes lunettes, le sourire est là, invincible, il résiste de toutes ses forces, sa bouche édentée est un gouffre rouge d'où les phrases s'échappent, se brisent, caillouteuses, dans l'air. Régis continue d'écrire, de dessiner, de peindre, il dit « C'est lui l'artiste, moi je bricole », il s'est mis à produire du vin « Chante Cocotte », le sang de la terre où il est né, ce Sud de rocaille qui n'est pas celui des décorateurs. Les ombres finissent toujours par nous rattraper. Je repense à *Amour*, encore, cumulant les distinctions, de la Palme d'or à Cannes (2012) à l'Oscar du meilleur film étranger (2013) ; en posant sa caméra au milieu d'un couple désuni par la maladie, Haneke fixe l'étrangeté de ce temps lent, ce temps de la décomposition et de l'indicible souffrance.

« Qu'est-ce que tu veux que je te dise ? Ça ira de mal en pis. Et un jour ce sera fini. » Je songe à ma mère, à tout ce qu'elle avait enduré cet été, à cette envie absolue qu'elle avait de tenir pour la bar mitsvah de mon fils. Ce jour-là, elle s'était levée, habillée, elle avait dansé avec lui, dans sa blouse de soie ivoire elle semblait nimbée d'une nouvelle jeunesse, il y avait les reflets d'or de l'automne dans ses yeux, l'émotion de partager un moment de lumière avec les autres, de ne plus vivre pour juste survivre. Puis la nouvelle était arrivée, et avec elle d'autres images, d'autres réalités ; les couches, l'immobilité, cette horrible assistante médicale qui nous insulte au téléphone : « Alors c'est un jour oui, un jour non, on ne sait plus ! », le service prestataire, le bulletin de situation, les attestations, l'expression des sentiments dévoués au bas des devis, la violence de toutes les tracasseries administratives, les perfusions, le pilulier, l'eau gélifiée, le retour de l'hôpital, cette chambre qu'elle ne quitte plus, ma peur d'y retourner, sa sinusite, mes grippes à répétition, mon rhume persistant, et leur manière de me dire : « Ne viens pas, parce qu'on n'a pas envie d'attraper tes microbes. »

La vieillesse isole, la vieillesse ronge. Il arrive qu'elle survienne très prématurément. J'en veux pour exemple ce camarade de classe retrouvé par hasard, trente ans plus tard. Il avait pris un siècle. « Excuse-moi, je n'embrasse plus, je ne serre plus la main, je suis devenu religieux », m'avait-il dit. J'avais reconnu Ariel à son regard, résistant à l'assaut de cette longue barbe qui lui mangeait le visage. Son corps d'adolescent s'était empâté, et sous sa chemise blanche on distinguait un ventre presque élastique, en partie avalé par son pantalon noir, en partie rejeté par lui, excroissance de chair ramollie par les longues heures d'étude, une vie trop sédentaire entretenue par les chorbas maternelles. Des années plus tôt, quand nous étions en terminale ensemble, je me demandais souvent sur quel corps de femme ses doigts lourds et jaunes, d'aspect gommeux, pouvaient se poser. Il avait quitté la France au début des années 2000 et troqué sa casquette de base-ball contre une kippa, ne craignant rien d'autre ni personne que lui-même, partant pourtant aux confins de ce monde qui l'accueillait sans l'attendre, et lui faisait toujours ressentir qu'il venait du pays des autres, de cette France où certains, comme lui, continuaient à baisser les yeux, à supporter les insultes, à accepter chaque jour les provocations des bandes dont on savait qu'elles étaient prêtes à « exploser les juifs ». Il avait toujours gardé en lui deux images. La première, celle de jeunes soldats en uniforme, massés au pied du Rothschild Boulevard un dimanche matin à Tel-Aviv. Ces visages d'enfants parés pour jouer à la guerre, avec leur uniforme kaki, leurs dents si blanches qu'elles semblaient encore de lait. Certains avaient des lunettes, d'autres lisaient des journaux ou fumaient, ils avaient les cheveux de toutes les longueurs, l'absence de coupe réglementaire tranchait avec la force invisible qui semblait les unir pour toujours, devant la vie, devant la mort, peut-être là, de l'autre côté d'un checkpoint, la mort à vingt ans, la mort d'un Gil, d'un Saul, d'un David, d'une Noa, de toutes ces beautés arrachées à toutes les promesses. La seconde lui venait du nord de l'Inde où l'un de ses cousins, Boris, s'était rendu, ou plutôt perdu. Dévasté par l'héroïne, son corps croupissant dans un tee-shirt couleur de boue, allongé la plupart du temps, ne parlant que pour demander de l'eau, deux trous blancs à la place du regard. Officier dans une unité d'élite, Boris avait vu son commandant mourir au Liban. Depuis, il avait quitté Israël pour un long voyage dont il n'était jamais revenu. Dix ans s'étaient alourdis en un siècle. Avec ses tefillins, l'Ariel de la Terre Promise me semblait encore plus loin que l'Ariel du lycée Condorcet avec son acné et son pull de ski qui sentait le couscous-boulettes de sa mère. Il était devenu vieux comme d'autres grossissent. Pour se protéger. Ultra-pratiquant, il vivait à Bnei Brak, à quelques kilomètres de Tel-Aviv. Il trouvait le sommeil et s'éveillait en lisant l'Ancien Testament, dont une phrase extraite du Deutéronome m'obsède encore et me donne envie de vivre : « Souviens-toi de ton futur. » Elle me rappelle que pour certains, qui savent écouter cette phrase, la vieillesse n'est ni une fatalité ni une épreuve, mais l'occasion de prouver qu'elle est la forme la plus accomplie de la jeunesse. Irina Ionesco, celle qui prend le métro avec ses souliers pailletés comme un soir de lune, en fait partie.

Irina Ionesco

« Irina, avez-vous été amoureuse ? » Il est presque minuit dans ce bistrot parisien. Sa main gauche tatouée d'un serpent se déplace comme un insecte géant sur la nappe blanche. Deux grands yeux fardés de mauve se défroissent en éventail. « Oui, j'ai été amoureuse de dandies. – Et aujourd'hui ? – De ma chatte, Lina. » Quinze jours plus tôt, elle disait « ma fille », en évoquant le beau persan aux yeux aigue-marine, réincarnation de Lola, un autre chat dont la mort l'avait plongée dans une terrible souffrance. « Lina est belle, elle a beaucoup d'esprit, elle est bien élevée, elle ne m'envahit pas. Elle rêve beaucoup. Elle me laisse dormir. » Lina et Irina partagent un petit trois-pièces du côté de la Porte Dorée, que l'ombre des feuillages envahit, été comme hiver. Un univers dont l'épicentre est ce lit, la chapelle ardente des souvenirs qu'elle consigne chaque jour dans ses grands cahiers d'écolier.

Irina a l'âge de ses démons, ceux qui ont empli sa vie d'une liqueur étrange, dont elle parfume l'atmosphère à chacune de ses apparitions. Avec elle, une femme en costume noir se métamorphoserait en nymphe, toute ligne devient courbe, et toute arabesque un sortilège. A 8 ans, Irina était contorsionniste. Elle a longtemps dansé avec deux boas. Comme elle l'avoue, à 77 ans et des poussières : « J'ai fait le tour du monde avec des numéros. »

Sur la porte de son appartement, un autocollant donne le ton : I'M PARISIENNE, I'M RIEN. Irina Ionesco a construit sa vie comme un décor, qui se tient, de décennie en décennie, au-dessus de l'ordinaire. Sans doute, cette fille de « trapézistes sans filet », élevée par sa grand-mère maternelle, dans le quartier turc de Costanza l'hiver, et l'été, dans un village de la mer Noire, a-t-elle fait du voyage son repère mouvant, constellé par la présence de femmes turques, macédoniennes, tziganes, juives, et par « leurs parures, leurs cheveux, leurs corps ondoyants… » Sans doute encore, une *grave maladie* dont elle fut victime, ainsi que la mort de sa mère, « perdue quelque part en Chine » expliquent-elles son impossibilité de vivre et de s'exposer autrement que dans la métamorphose, d'abord la danse, puis la photo, ritualisée en alchimie du souvenir. « La trame de mon travail », dit-elle.

« Ma mère m'a eue à 16 ans. Elle a rencontré un étudiant chinois dont la famille était très pauvre. Elle est partie là-bas, elle a été répudiée car elle ne pouvait plus avoir d'enfant. Elle a rencontré un autre homme. Puis elle s'est suicidée. » I. I. Deux initiales tendues comme deux roseaux que rien ni personne ne parviendra jamais à rompre. Je sais qu'elle a eu faim, je sais qu'elle a eu peur. Je sais que cette terreur est là, au fond d'elle, pareille à la répulsion que lui inspire la viande. On ne peut pas entrer en scène le ventre plein. Un jour, dans un cabaret de Damas, un danseur a loupé un porté. Elle s'est retrouvée un an dans le plâtre, une momie. « Il y a de très bons médecins en Orient. » C'est exactement sur le même ton qu'elle dit encore : « Il y a de très bons sojas chez Naturalia. Il faut prendre le soyeux. » Alchimie d'une plainte métamorphosée en songe. Je l'imagine déjà sur son lit de roses, dans un parfum d'ambre et de myrrhe.

Chez elle, les trucs en plumes s'enlacent autour des cartons à dessins, les escarpins évoquent des oiseaux en cage, prêts à l'envol. « J'habite dans un labyrinthe. » De son corps mutilé, elle avoue ne pas avoir su « quoi faire exactement ». Elle a commencé à peindre, « des lieux vides avec des éléments épars, qui auraient pu appartenir à des gens qui n'existaient plus ». D'un lot de souffrances, elle a fait un conte, une sorte de bal masqué, son *Eyes Wide Shut* quotidien serait un monde où les êtres n'auraient pour obligation que celle d'apparaître. « Je les portais en moi, ces images, par milliers… Elles sont venues s'accroître sur le théâtre de la vie et les scènes de théâtres – tous ceux où je me produisais, en me servant de mon corps pour m'exprimer. »

Elle doit son premier portrait à une jeune fille « à laquelle il était arrivé quelque chose ». « Elle était absente d'elle-même. Elle ne se voyait pas. Elle ne parlait plus. J'ai ouvert mes malles de costumes, pleines de dentelles, de tiares, de tout. J'ai fait des rampes de bougies. Elle est devenue "Anouk à la plume". » Irina Ionesco n'a jamais travaillé avec une caméra moteur, ni employé de flashes. Elle dit n'avoir jamais pris la technique trop au sérieux. La photo est d'abord une question de regard.

Le temps ne semble pas avoir de prise sur son monde. Il est comme absorbé par un temps plus vaste, celui dans lequel Byzance et l'Art Nouveau se feraient écho, un temps nomade, déplacé au même titre que les oiseaux empaillés, les colliers exotiques, les flots de tulle et les souliers de satin qui habitent son « temple aux miroirs ». Il suffit de regarder ses images pour immédiatement s'en extraire ou, au contraire, plonger parmi ces bacchantes silencieuses, filles de feu et d'un paradis incandescent, rivières en flammes où se consument les souvenirs et les interdits.

Incantations voilées, nus baroques, démones aux chevelures serties, creux de Vénus, fards et masques, l'univers d'Irina Ionesco est tout entier contenu dans ces apparitions tissées de songes, cette invitation à célébrer le religieux dans le barbare, l'offrande dans l'abstinence, l'abandon dans le refus, ce corps-autel, auquel l'artiste voue depuis des décennies un culte singulier. Depuis la mise sous coffret des « Liliacées langoureuses aux parfums d'Arabie » – vingt-cinq planches photographiques publiées par Le Chêne –, près de quatre décennies et des poussières se sont écoulées.

Les photos d'Irina Ionesco n'inspirent le rêve qu'à ceux qui le préfèrent au sommeil. Un rêve sous haute tension, sorte de cabinet de curiosités narcotiques d'où s'échapperaient des airs de slow-fox et de tango. C'est tout naturellement que l'indigne au troisième œil – son Nikon – joue avec les représentations visuelles autant qu'avec les mots dont elle a fait son opium. A la lumière naturelle et aux prises en extérieur, elle préfère les univers clos. Un bout de salon devient, dans son sillage, une antichambre d'Aphroditopolis, une chambre d'hôtel, un boudoir d'impératrice. Arrivées en jean et Converse, les filles du Grand Nord redeviennent les héroïnes d'un conte décadent, idoles aux effluves grisants, odalisques. La force d'Irina est de remettre du drame partout où elle opère, comme on ferait surgir du feu. De ses photos émanent des parfums si puissants qu'ils entêtent les poètes : « A regarder longuement les photos d'Irina, il semble en vérité qu'on les respire, et que jamais nous n'avons vu des photos donner autant que celles-là l'impression de l'odeur », écrivait Pieyre de Mandiargues à propos des « Liliacées… » : « Du pancrace, dit aussi lis de mer, à la précieuse amaryllis rose, du narcisse au lys d'étang, au lis des Incas, au lis de Saint-Jean (…), quelle foison de suavités… »

Au début des années soixante-dix, elle est allée tous les jours au cinéma, voir le même film, *Baby Jane*, pendant un an. « Je ne sortais que pour manger une pomme, à l'heure du déjeuner. » Elle restait toute la journée ou presque dans la salle noire, photographiait en cachette chaque séquence, avec pour projet personnel de devenir elle-même un protagoniste du film. On peut parler de montage. C'est peu dire qu'Irina Ionesco photographie ses rêves : elle les peint, comme elle a toujours agrandi les yeux de ses modèles, aux confins de la vie et de la scène. N'est-ce pas un peintre qui lui a offert son premier appareil photo ? « *Die Puppe* », aurait dit Hans Bellmer, justifiant « la possibilité de composer et de recomposer contre nature à tout hasard, le corps et les membres. » Pourtant, au lieu de dislocation, il faudrait parler ici d'extensions, de ramages, d'ongles acérés comme des minisabres d'or, de perruques, de bouches ardentes d'artifices, condamnées à ne jamais souffrir d'être embrassées.

« La femme cachée » peinte par Magritte se retrouve encore dans ce sanctuaire de la chair, où les influences surréalistes se métamorphosent sans heurt. Chez Irina Ionesco, colliers anciens, chapeaux et étoffes semblent tous contenir cette part d'invisible, la clé d'accès à un monde idéal, celui des chimères et des « sourires parfumés » chers à Paul Eluard. Sans doute, parce que dans ces yeux noirs-là il n'est question que d'« auréoles du temps » et de « berceaux nocturnes ».

Mais qui sont ces femmes représentées par Irina ? Comment fait-elle pour trouver dans chacune d'elles cette part de volupté qu'elle enveloppe ensuite de dentelles anciennes et de silence ? Irina ou la clé des songes. Devenir l'autre, l'inventée, la chimère, l'oublieuse ivre de mémoire. De la photographie contemporaine, elle a fait sa fresque intime, offrant à ses modèles le champ infini des rôles, et la possibilité de se révéler devant sa psyché, en Salomé, Théodora ou Judith, envoûtement consenti au nom d'un pacte : s'adonner à ce puissant narcotique que peut être une vision, un univers. Le sien a vite confisqué à la réalité toute forme d'échappatoire. Dans son château de solitude, Irina Ionesco, la voyeuse, l'inconsolable amoureuse, la mère solitaire et excessive entretient des relations exigeantes dont toute remise en cause précipiterait le chaos. Elle fait bien plus que photographier ses modèles. Elle les pare et les maquille. Elle-même reconnaît les « créer ». Tentation mortelle du cobra dominateur, pour qui la beauté est une proie. Quand celle-ci sort du cadre, le combat s'engage. « Le corps peut être facilement maintenu quand l'imagination ne le sollicite pas. » Cet adage latin aurait pu être le sien, tant l'érotisme se déploie hors de toutes les prothèses associées à la contrainte libertine du corset, hors de toutes les conventions bourgeoises, pour s'afficher, aristocratiquement mutant, de l'androgyne à la sainte, de la funambule à Marie Madeleine.

Longtemps Irina a eu sa « table » à la Coupole, parce qu'elle arrivait « avec ses filles », toutes en robes de dentelle, colonie de Salomés chez le rôtisseur. Les scandales passent, le mystère demeure autour de « ce théâtre de chair et d'esprit », justement nommé par Pierre Bourgeade, lors de la publication, en 1984, de *Passion*, son premier album en couleur.

Quand Irina s'engouffre dans un taxi, j'ai peur de ne jamais la revoir. Je serre dans mes bras une ombre au corps glacé qui n'embrasse pas, mais dont les « je vous embrasse » au téléphone me touchent plus que toutes les étreintes.

Entre mes héros et la réalité quotidienne, quelque chose s'interposait pour fausser toutes les pistes, rendre ce chemin de vérité encore plus brûlant de vie et de mystère. Cet écran, c'était d'abord le miroir que me tendaient les acteurs. Je veux parler des Robert Hirsch, des Jacques Sereys, des Michael Lonsdale, ceux dont le temps semble ennoblir le métier, capables de singer la vieillesse sur scène, comme pour mieux la tenir à distance, de jouer les mourants d'une manière si magistrale que, ces soirs-là, nous recevions cette volonté de vivre tellement puissante qu'elle éclairait tout, dans ce flamboiement évoqué par Hermann Hesse : « Une existence agrandit, multiplie chaque année le réseau infini de ses connexions, de ses entrelacements, et ce encore tardivement, jusqu'à la fin même. Il peut constater aussi que tant que la mémoire veille, rien de ce qui se passe et de ce qui s'est passé ne se perd. »

Michael Lonsdale

Le jour de notre rendez-vous au Café Vauban, Michael Lonsdale sembla terriblement agacé, sombre. Il avait convoqué plusieurs personnes en même temps, qui attendaient dans ce coin formant une alcôve. J'entendais qu'il organisait une retraite, il était allé manifester contre un spectacle insultant à ses yeux la religion chrétienne. Certains le rangeaient du côté des catholiques extrémistes. J'ai préféré garder de lui le meilleur. Cette voix qui vient de loin. Un murmure surgi d'un corps malhabile, un peu difforme, épais, corps massif et sans équilibre, une caverne imprenable et dévastée dans un pantalon marron et chiffonné dans lequel il semble dormir chaque nuit. Une voix qui couine, qui chante, susurre, miaule, fuit, s'échappe, gonflée de silence, douceur de ces mots brûlants. Une voix aussi célèbre que celle de Claude Pieplu, Monsieur Shadock, et reconnaissable entre toutes, même lorsqu'elle devient au cinéma celle du psy dans *Titeuf.* Le voici devant nous, mais toujours à la merci d'un vent terrible qui le confisque, le déplace, lui, comme celui qui, jeune, a toujours fait vieux, et qui s'offre, à 80 ans, les promesses d'une renaissance. « Je vous assure que le sentiment que j'ai pour vous est une chose tout à fait nouvelle dans le monde, qui n'a jamais été et qui ne se répétera jamais. » Epitaphe, épilogue, déclaration d'amour d'un homme à sa passion de toujours, le théâtre. En lisant, il semble lire à l'intérieur de lui-même, les pages ne sont autres qu'un miroir dans lequel il se regarde. En cet automne 2011, Michael Lonsdale avait joué *Le Chant des frênes*, la rencontre entre Ivan Tourgueniev et Pauline Viardot, diva française, sœur de la Malibran. Un samovar, une table, un piano. J'ai vu Lonsdale s'asseoir en chuintant : « je me repliais, je me recroquevillais… il me glaçait », redevenant Ivan Tourgueniev, le fils d'un père indifférent. Un petit ange dans la peau d'un monstre aux sourcils drus comme des épis de blé dans le brouillard, tout gris de souvenirs qui s'éclaircissent d'un trait de lumière dans les yeux : « Je suis comme une truite dans un ruisseau clair qui se chauffe au soleil. » Coulez coulez, gouttes fines, le voici qui joue avec ses doigts, le voici qui se lève, danse, encore, tout plein de ces larmes « douces et muettes », qui s'égouttent, invisibles. « Ne me secouez pas, je suis plein de larmes », aurait-il pu dire, comme Henri Calet dans *Peau d'ours*, quelques jours avant sa mort. Au cinéma, depuis sa première apparition au côté de Gérard Oury, dans *Pour le meilleur et pour le pire*, Lonsdale collectionne les rôles, comme autant de facettes de lui-même, moine dans *Des hommes et des dieux*, recteur de la mosquée de Paris dans *Les Hommes libres*. Au théâtre, son luxe ultime semble être de jouer devant trente spectateurs sa propre mort. Jouer à défaillir sur scène, comme si la morphine l'abandonnait à la douleur. Douleur de vivre, de survivre, de se laisser envahir par ce corps malade, ivre de mélancolie, fidèle à l'allégorie de la Vieillesse de Guillaume de Lorris : « Le Temps qui va toujours sans retourner en arrière, comme l'eau qui descend et dont une seule goutte ne peut remonter à sa source, le Temps auquel rien ne résiste, ni fer ni chose si dure qu'elle soit, car il corrompt et mange tout, le Temps qui change, nourrit, fait croître toute chose, et tout use et tout pourrit et le Temps qui vieillit nos pères, qui vieillit les rois et les empereurs et nous-mêmes nous vieillira… »

Si la vieillesse est une confrontation non préparée avec le désastre, elle est parfois une leçon d'absolu. Une rencontre placée sous le soleil du hasard, l'illumination d'un monde ou de plusieurs. Dans ces univers que le passé découvre, René de Obaldia jongle depuis toujours : « Crevez-moi les yeux ! Vous y verrez des couchers et des levers de soleil fabuleux, des glauques océans, des Sahara, des royaumes de neige, des grottes sous-marines, des archipels, des métropoles, des volcans, des jungles, des lacs gelés, des aéroports en flammes, des sillages de navires disparus… »

René de Obaldia

Perché au-dessus de l'église de la Trinité, son appartement tient de l'atelier d'artiste et de la loge au sens le plus théâtral du terme. La lumière du nord y braque ses rayons bleus glacés. Le canapé est un morceau de nuage, où les chimères s'invitent en toute intimité. On entre chez ce « zutiste » comme en Génousie, ce « royaume du songe et de la poésie ». C'est là, sans doute, que le monde civilisé concentre tous les secrets d'un siècle, dont René de Obaldia serait à la fois le témoin et l'invité, l'aventurier mémorialiste et le funambule aux yeux d'opale. Le plus abracadabrantesque des académiciens jongle avec les citations de Cocteau : « Le temps, c'est de l'éternité pliée », autant qu'avec les siennes : « C'est tuant d'être immortel. » L'homme à l'habit vert fut le parolier de Luis Mariano, le partenaire au cinéma de Louis Jouvet dans *Knock*, l'inventeur filiforme concoctant « rognons de baleine sauce Madeleine, pets de nonne en ragoût, habit de grenouille au cœur d'une citrouille » dans sa cuisine céleste. Il s'imaginait voguant en pirate, sur sa couche mortuaire. L'an 2000 est arrivé sans qu'il ait besoin de frapper « d'une canne blanche la nuit des temps ». Le grand âge lui donne l'accolade sans façon. Quelques semaines avant notre rendez-vous, j'étais allée l'applaudir dans ce petit théâtre du seizième arrondissement où il lisait, seul, pour quelques soirs, plusieurs extraits de ses œuvres. « Je vous jure de ne pas tricher, ne pas jouer au vieillard exténué qui ne tient plus qu'à un souffle… »

La représentation commençait à 19 heures, l'heure de l'opéra, du bain des enfants, de ce ciel cisaillé par l'ombre du soir. Dans la salle du théâtre du Ranelagh, les crânes gris, souvent dégarnis, les blondes casquées aux parfums anciens et lourds formaient l'essentiel d'un public rhumateux, éternuant, râleur. Se déplacer pour laisser sa place provoquait un drame. Soudain, il arriva, comme par enchantement, comme à ce moment précis où les lanternes de la ville s'éclairent. Assis, presque filiforme en chemise noire, devant une table drapée d'un rideau de théâtre en taffetas rouge. Il avait commencé par raconter sa vie, son enfance, les *Innocentines*, ces poèmes qu'il écrivit en partie sur des sacs d'engrais. Horreur, c'est le seul mot noir qu'il a, je crois, prononcé pendant une heure. C'était comme s'il nous conduisait, un par un, laissant notre imagination filer au rythme de ses mots-étoiles, cette promenade éclairée d'images, de caresses suggérées, les cuisses de Colette, l'amour du poète, la tristesse d'un enfant devant sa perdrix morte. Espiègle de plume,

René de Obaldia lutinait au pays infini de la syntaxe, des champs s'ouvraient devant lui, rêves calligraphiés pour l'éternité. Points d'exclamation, étonnements, soupirs, jeux de mots, il mouchetait, il avait ces gestes fins, s'essuyant les lèvres avec son index, ou plutôt les effleurant, pour nous compter ces petits haïkus libertins, imitant en jeune premier le vieux Michel Simon avec lequel il se recueillit sur la tombe de sa guenon Zaza. Son visage semblait doux et lisse comme du marbre, à peine frémissant à l'énoncé de ses propres calembours. Lui, l'auteur des sketches poétiques et autres westerns en chambre, voltigeait au-dessus de nos têtes. Il avait 93 ans et nous avions perdu devant lui toute notion du temps. Il le repoussait, dribblant la vieillesse, les rides, l'oubli. Il nous entraînait sur les chemins de l'école buissonnière, j'aimais sa voix, son air. A la fin, quand il se leva, j'ai réalisé qu'il avait presque autant d'années que deux spectateurs réunis. Lorsque le rideau tomba, je compris son âge. Il marchait difficilement, saluait comme un prêtre secouant un encensoir. En coulisses, il redevint un acteur, heureux d'être applaudi, embrassé, un homme attentif aux compliments des femmes. C'était sa Première. L'homme qui disait avoir l'avenir derrière lui, riche d'une monnaie qui n'a plus cours (les pièces de théâtre), nous avait affranchis de toutes les lourdeurs du jour. La forêt de klaxons s'était éteinte, la rue des Vignes était silencieuse, elle s'enroulait en ruban de satin bitume autour de Passy. Un petit groupe se massait devant l'étal des livres. Sur la quatrième de couverture, les prix étaient encore en anciens francs. Des vieilles dames repartiraient au bras de leur fils unique, j'en vis d'autres, seules, appuyées sur leur canne, elles étaient venues pour lui, bravant la souffrance de leur corps malade. J'achetai le soir même *Le Centenaire* : « Ne vous fiez pas à mon écriture tremblante. Dansante, devrais-je dire. Ma tête et ma main sont à moi. »

C'est avec une grande gentillesse qu'il accueillit ma demande. Sans me poser toutes les questions que m'infligèrent certains, méfiants, cabossés, amers, fermés. Prisonnier en Silésie pendant quatre ans, René de Obaldia vient du pays de l'au-delà. Il a tellement écrit sur la mort, et sur la sienne en particulier, qu'elle semble décidée à ne plus jamais l'importuner. « Cher charpente : ces os qui m'auront supporté jusqu'à la fin (…) cher, cher squelette, que ne t'ai-je point fait danser davantage ! » Il se dit surpris d'atteindre son âge, lui qui n'a jamais cessé d'être étonné de sa propre naissance. « L'idée de vivre longtemps ne m'a jamais habité, j'ai vécu au jour le jour dans la grâce de l'instant. » La grâce est là, en cette matinée hors du temps, « Un verre de whisky ? » qui me rappelle cette rencontre avec Erte : « De l'eau ? Vous ne voulez rien de plus drôle ? »

Silhouette de cigarillo, ce presque centenaire cultive l'existence avec un don d'étonnement, une imagination dont il continue de faire le meilleur des anti-âge. « Comment vieillirai-je sans offenser l'aurore ? » se demande-t-il chaque jour. L'obsession n'exclut pas la dérision, elle la rend possible, gymnastique de l'étonnement perpétuel. « Le temps, c'est la naissance et puis la mort, une fraction de temps. La chose la plus étonnante qui soit, la chose la plus invraisemblable, c'est d'être né. » René de Obaldia avoue ne pas avoir la notion du temps. Il a bien une montre qu'il consulte, mais il oublie les dates d'anniversaire.

Son âge s'invite parfois de lui-même. « Souvent j'ai des absences de mémoire, fatalement, il y a des moments où je suis plus fatigué que d'habitude ; à ce moment-là j'accuse mon âge. Je mets mon âge à l'accusation, comme si j'étais dans un tribunal, j'accuse mon âge. Et quand on arrive quand même à un certain âge, sinon à un âge certain, le temps équivaut à avoir l'avenir derrière soi. J'en reviens un peu à ce qu'avait écrit Calderón dans *La vie est un songe*. Tout ce déroulement, toutes ces choses, c'est une sorte de surréalité qui devient effectivement comme un songe, comme si on l'avait un peu rêvée. »

Matin clair, décidément délectable. Promesses de gaufres et de carrousel enchantés. Bal de mots et de couleurs. Avec lui, on se rend disponible à tous les bonheurs du jour, à tous les voyages, toutes les étoiles, toutes les histoires. Peu importe qu'elles soient vraies ou inventées. Chaque minute gagnée est la clé d'un royaume. Il n'est pas croyant, boit, fume, se nourrit de mots et de philosophie bouddhiste. Quand on lui demande ses secrets de vie, il répond : « Ecoutez, c'est très simple, maintenant tous les matins au petit déjeuner, je lis une page d'Obaldia. Alors, c'est une boutade bien sûr, je m'en sors comme ça ! »

Le comte, alias Maurice Ygor, est né à Hong Kong d'un père panaméen et d'une mère picarde. « Sitôt après avoir vu le jour, je faillis retourner à la nuit ». Il a été élevé par une nourrice chinoise, son « ama », l'honorable Ha Sang Tse. L'enfance est en lui, au bord de tout ce qu'il évoque. Ce salon-atelier d'écriture est le réservoir infini du monde. Avouant qu'il traverse une « crise de longévité », il demeure à jamais un garçonnet émerveillé sachant se rendre disponible à toute forme de refuge. Fanfaron, il entend respirer les arbres et croit voir les statues du musée Rodin changer de pose. Au visiteur, il offre ce petit bout de « manne céleste ». A 94 ans, il glisse entre les gouttes du temps, comme Fred Astaire dansait sous la pluie. L'âge d'or lui rend visite, sans qu'il ait eu besoin d'en implorer la mémoire. Ses peurs et ses cauchemars ne le quittent pas : « Ils m'ont cousu les paupières. Ils ont répandu du sable sur ma langue. Ils ont enduit mes oreilles d'une salive noire. » Dans son rêve éveillé, les tortionnaires sont devenus des sorciers. Autour de lui, il l'avoue, rôdent les fantômes. Tous les amis qu'il a perdus, cette ronde des obsèques formant l'anneau noir des adieux.

« Peut-être que je redeviens plus gamin que jamais, je ne sais pas ! J'ai cette faculté d'étonnement qui consiste à poser des questions sur les choses les plus élémentaires. Et avec les *Innocentines* en particulier, je reçois beaucoup de lettres d'élèves des écoles ; leurs maîtresses m'envoient leurs poèmes. Mais face aux questions d'un enfant, je suis muet ! "Pourquoi les chiens ont une queue ?", "Pourquoi l'herbe était-elle verte ?"… Ne parlons pas de la mort car ça ne vient pas à l'esprit tout de suite. Mais ce sont quand même des questions fondamentales et qui restent fondamentales, ce sont des énigmes. Et ces énigmes continuent d'être lorsque l'on devient adulte, mais on y réfléchit moins, car on est pris par son travail, par ses activités, par toute la comédie humaine : la réussite, les honneurs, enfin toutes ces choses qui sont un peu, je ne dirai pas infantiles mais bon, c'est la comédie humaine : tout ce qui est le plus périssable. » Hanté par le mal, il se sait aussi en état de grâce permanent. « Je vis dans l'espérance, peut-être pas dans la foi mais dans l'espérance. » Avant mon départ, à l'heure où l'estomac gargouille, il aura ces mots : « En fait, beaucoup de gens actuellement vivent un peu comme des somnambules. La force des créateurs et des gens qui réfléchissent est de conserver un esprit d'émerveillement, de curiosité. L'esprit, c'est l'école de l'éveil. Oui, il y a quelque chose qui ne se laisse pas accaparer. J'ai en moi le sentiment tragique de la vie, c'est en permanence en moi. Et c'est une réaction, c'est une conscience, et en même temps il y a aussi la fable du monde. La fable du monde c'est-à-dire l'émerveillement de la nature, de la beauté, la beauté de ce monde ; et puis les choses prodigieuses que fait l'homme, mais avec ce sentiment toujours permanent bien sûr du sentiment puisque nous avons la souffrance, le mal. C'est ce qui me préoccupe beaucoup. Ce que l'homme peut faire subir à l'homme est abominable : tous les dictateurs… depuis que le monde existe. *Homo homini lupus est* depuis les Latins, l'homme est un loup pour l'homme. Malheureusement ça n'a pas changé. Et moi j'ai vécu le fascisme, parce que j'étais en camp ; c'est une expérience assez terrible, mais une véritable expérience. C'est-à-dire qu'on n'a plus d'avoir, dans un camp, il n'y a plus que l'être, les valeurs que nous pouvons avoir sont des valeurs d'être. Or maintenant nous sommes uniquement dans l'avoir. Mais ce que je veux dire, c'est que, tout de même, après ce massacre, ces millions de morts, le XXe siècle a été abominable, 14-18, etc. On pensait, je pensais, que, quand même, l'homme deviendrait peut-être un jour un peu meilleur, un peu plus conscient. Or on s'aperçoit qu'on recommence, qu'il y a des atrocités partout, et bien sûr c'est cela qui me préoccupe beaucoup.

« J'ai écrit une œuvre, mais j'ai l'impression de n'avoir rien écrit, de n'avoir rien dit. Parce que, en fin de compte, il faudrait presque arriver à la page blanche, dont rêvait Mallarmé je crois, une sorte de manière ; à la page blanche c'est-à-dire au stade de sainteté. Parce qu'on ne peut pas dire l'inexprimable. C'est la poésie qui rend peut-être l'approche vers l'inexprimable, on en revient au mystère total de la vie. Alors on essaie de… Je ne travaille pas du tout, c'est en moi, je l'exprime. Mais l'essentiel c'est le mystère total. Jérôme Garcin a écrit à mon propos : "Obaldia est le spectateur incrédule d'une pièce qu'il n'a pas écrite, mise en scène à son insu, et dont il joue le rôle-titre, sa vie." C'est sans doute l'un des portraits les plus justes qu'on ait faits de moi. »

En octobre 2012, Diane, l'épouse de René de Obaldia, est morte, fauchée par un cancer. Plus je traîne, et plus le temps me fait des croche-pattes. Il faut se dépêcher d'écrire, pour ceux qui ont le luxe de ne pas se laisser prendre par le temps. Plus j'écris, plus je plonge. Les images reviennent, s'installent, prennent leurs aises. Je les supplie de me laisser tranquille. Mais rien n'y fait.

Claude Bessy se tient à l'entrée de la salle de cours. Une pièce tout en miroirs que souligne horizontalement une barre de bois. Je dois avoir 8 ans et je suis grosse, dans un bermuda de plage rose. Ma mère a décidé de m'inscrire à des cours de danse. Quoi de plus noble que l'école de l'Opéra de Paris ? Je suis assise par terre, et une petite fille monte sur mes genoux pour les plaquer au sol. Au XVIIIe siècle, il y avait des appareils pour cela, on appelait ça « tourner les enfants ». Moi, je ne connais que le manège du jardin des Tuileries. Je pleure, je ne veux plus jamais revoir ces petites filles maigres qui se moquent de moi. Mes genoux sont sous mes yeux, comme de gros épis indociles. Ce souvenir reste en moi comme l'expérience la plus ingrate de l'enfance : la honte. Pour les danseurs, c'est peut-être l'équivalent d'un claquage.

L'enfant doit connaître son corps pour le discipliner, a dit un jour Claude Bessy. Quarante ans plus tard, je n'y arrive toujours pas. Son nom me flanque la frousse. Je la vois blonde, grande, avec son chignon, et je pense « Sauve-toi ». J'y reviens pourtant aujourd'hui.

Claude Bessy

Elle m'a convoquée chez elle, en banlieue Sud. « Vous prendrez le RER. » La première fois, je rate le rendez-vous. J'entends sa voix au téléphone, tendue. La seconde sera la bonne. Dans le wagon, je rêve au pas de deux que Gene Kelly inventa pour elle. Elle m'attend dans sa Smart, à la sortie de la gare. Elle m'a répété trois fois : « Vous prendrez l'escalier à gauche », j'ai peur de mal faire, de me tromper, de trébucher. Est-ce qu'elle aura un bâton ? Elle est là, avec sa doudoune kaki, sa grosse tresse blonde et ses lunettes noires Armani. Nous partons.

La grille s'ouvre. Elle gare la voiture. Les gaffes se succèdent. Je veux l'aider à porter son sac de courses Franprix rempli de pots de crème dessert, elle refuse. Je lui dis : « Tiens, la fenêtre est ouverte », elle me dit : « Oui, ma soubrette est là aujourd'hui. » Me voici dans son petit palais pavillonnaire, les flageolets dans la cuisine, les bibelots dans le salon, et la moquette saumonée qui sent la cigarette.

Elle est née en 1932. Douze ans plus tard, elle intègre le corps de ballet de l'Opéra de Paris, une institution où elle a passé près de soixante ans... Remarquée par Balanchine qui lui offre ses premiers rôles dans *Palais de Cristal* et *Sérénade*, Claude Bessy a fait ses derniers pas en 1987. « La scène, c'est nombriliste, on ne s'occupe que de soi. Mais je ne regrette rien. Le pincement au cœur, ça m'a passé, comme les années », affirmera-t-elle alors.

Son nom rime avec *La Belle Hélène, Casse-Noisette, Roméo et Juliette*, le classicisme français tempéré par un défi : faire entrer la danse moderne au répertoire. Elle n'a pas eu d'enfant, mais plein de « mômes » auxquels elle a transmis sa passion, expliquer comment plier, comment partir, quel pied dégager pour obtenir des pirouettes d'une *propreté admirable*. Je décide de rencontrer, humainement cette fois, celle qui aurait pu faire de moi une étoile, si mon corps n'en avait pas décidé autrement... Elle, le Pygmalion des petits rats, la Bardot de la danse, celle dont la vocation a longtemps rimé avec sélection par le squelette : laxité des articulations, ouverture des hanches, cou-de-pied, longueur du cou, musculation longue et tonique. Tout ce que je n'ai pas reçu. Un pied en fer à repasser est sans espoir, c'est elle qui l'a dit. Mais maintenant, j'ai des armes, un métier. Une manière de me rassurer, parce qu'elle me terrifie toujours autant. Tiens-toi droite, bon sang.

Claude Bessy me raconte sa vie, elle se revoit en train de chanter *Le Pays du Sourire* et les comédies musicales que l'emmenait voir sa grand-mère. A 15 ans, son enfance s'est arrêtée d'un coup, « avec l'huissier à la porte ». Danseuse elle est devenue chef de famille. Apprendre à tenir son corps, à tenir sa tête. « J'avais les mois qui tombaient. Ma mère m'a appris à faire des enveloppes. » Elle a gardé de ces années la haine des bonshommes qui lui demandaient de « s'allonger un peu ». Sa vie, elle l'a dédiée à la danse : « Ce n'est pas dur, c'est astreignant. » Cinquante-deux kilos, cinquante-cinq centimètres de tour de taille, son corps aura été une volée de pirouettes parfumées. A l'Opéra, Balmain lui livrait des robes comme des bouquets. Avec le temps, son corps est devenu un rempart. Un bloc compact butant contre l'administration, les clans, la rigidité. Puis, il s'est comme dilué, dans cette petite ville de banlieue qu'elle a fini par détester, sans jamais la quitter. Elle s'est mariée trois fois, vit avec un « compagnon ». Claude Bessy se « fait les yeux » chaque matin, « par politesse ». Elle parle de ses accidents au passé. Une fracture des métatarses en répétant *Barocco* de Balanchine. Et puis le traumatisme crânien. La clavicule perforée. « Le docteur m'avait dit "vous boiterez peut-être". Je me suis acharnée. J'ai refait mes quadriceps. J'ai même redansé. » Les années ont passé. Les élèves ont grandi, certains ont pris leur retraite. Et elle, cinq kilos, puis dix, « le retour d'âge ». Elle n'a qu'un rêve. « Mourir tôt » : « Si j'ai un cancer, je me fais piquer. J'ai des souvenirs fantastiques. J'ai été très gâtée. Je ne veux pas vivre le naufrage, le crépuscule. » Assise, parfois, elle danse, je veux dire que, lorsque son torse se redresse, qu'elle place son mollet en dehors, un autre corps se dessine en elle. Celui qu'elle offrait au public en 1951, dans cette robe en tulle rouge créée pour la Première de *Chemin de lumière*, un ballet de Georges Auric sur une chorégraphie de Lifar. Alors, c'est comme si elle revenait en scène, remplie de ses hantises de toujours, louper ses tours, mal prendre ses sauts. « Il ne suffit pas d'être chaud. Il faut se corriger tous les jours. » Claude Bessy est intraitable avec l'absence de talent. « Ce n'est pas une artiste, elle n'a pas d'œil, dit-elle à propos d'une étoile. Un jour, je l'ai vue au milieu des danseurs, et je l'ai perdue. » La lumière tombe sur Chatou. Elle me demande si je veux boire quelque chose, le signal pour partir. Claude Bessy me raccompagne dans sa Smart, et me dépose exactement à l'endroit où elle est venue me chercher. Ses derniers mots seront : « Je ne veux pas traîner, encore trois-quatre ans, au revoir et merci. » L'important dans la vie, c'est de tenir sa tête.

Never explain, never complain, tenir son corps, ne jamais flancher. Je remarque que plus on a reçu d'amour, plus on en est dépendant. Difficile de vivre sans. Hier, j'ai fêté mon anniversaire. Ma mère n'a pas pu venir, toujours souffrante, elle m'a dit qu'elle ne s'était pas lavé les cheveux depuis trois semaines. Elle ne sort pas. Quelle est la force qui pousse mon père, 85 ans, à aller rendre visite à son fils à l'hôpital, à Poissy, à traverser Paris pour apercevoir ses petits-enfants quittant la table après avoir englouti leur part de gâteau au chocolat ? Certains octogénaires m'évoquent des soldats du temps auxquels rien ne résiste ; mon père, qui n'arrive pas à voir sa tasse de thé, m'assure qu'il peut conduire. Oui, la vieillesse est hors d'atteinte, c'est une zone dans laquelle on accède malgré soi, comme dans les incendies certains accèdent aux issues de secours avec plus d'agilité que d'autres. « Je mourrai à 80 ans, à 90 ans, mais je mourrai jeune », assurait Diana Vreeland, directrice du *Vogue* américain. Les seniors vous jouent des tours. Je pense à Jacques Sereys, comédien, qui m'avait bouleversée et dont j'avais applaudi la performance au théâtre du Vieux-Colombier, dans un one-man-show dans lequel il incarnait tous les personnages d'*A la recherche du temps perdu*, de Marcel Proust.

Jacques Sereys

« Je n'ai pas de mémoire, m'avait-il dit au téléphone, j'avais juste envie d'être seul sur scène. » Découper, articuler, répéter cinquante fois. Six lignes par jour. Jacques Sereys m'explique que le travail « ce n'est pas de la mémoire, c'est de l'enregistrement » : « C'est une actrice qui m'a enseigné comment apprendre. Elle voyait que j'essayais de mémoriser le contenu. Elle m'a dit : "Il faudra sculpter le texte, mais avant, il faut l'enregistrer." » Même les mimes ont des cartes Navigo, même les clowns achètent de la lessive liquide, même les Pères Noël souffrent d'arthrose. La banalité n'épargne personne, elle est parfois l'antidote suprême. « Je fais ce que j'ai à faire, je dis ce que j'ai à dire », m'a expliqué Jacques Sereys. La retraite, ça veut dire quoi ? « J'y suis, mais je continue. J'ai toujours fait mon métier avec beaucoup de plaisir et de rigueur. Mais quand ça se termine, ça se termine. Je ne suis pas un intellectuel. Je n'ai pas fait d'études. Le jeudi après-midi, à 9 ans, j'allais seul au cinéma, on pouvait voir trois films pour deux francs. C'est là que j'ai découvert *Paradis perdu*, Danielle Darrieux, Gabin. J'avais 14 ans quand ma mère a écrit au Crédit Lyonnais, ils m'ont pris. J'étais groom, puis chargé de l'accueil. Je lisais beaucoup, j'écrivais des poèmes. Un jour, un camarade m'a proposé de les lire en public, puis de jouer avec des comiques troupiers. J'avais 16 ans. Je lisais *La Petite Illustration*, il y avait énormément de journaux de théâtre. C'est comme ça que tout a commencé… » Arrivé à Paris en troisième classe, il entre au Conservatoire, se débarrasse de son accent, épouse Philippine de Rothschild, la fille du baron, qui joue au Théâtre-Français sous le pseudonyme de Philippine Pascal. Divorcé, l'homme qui a de nombreuses fois incarné à l'écran des rôles de ministre, de préfet, de directeur, cultive cette élégance sans apprêt dans sa veste de tweed, portée, chez lui, avec une chemise et une cravate. Pour s'être construit seul, sans avoir jamais connu son père, il ne renonce à rien. Comment imaginer sous cette apparence si notariale que ce fils de brodeuse, élevé par des femmes au-dessus d'un entrepôt de parfumerie, a joué Feydeau, Genet, introduit Giraudoux à la Comédie-Française, et chanté le Ménélas de *La Belle Hélène* à l'Opéra-Comique ? Sept décennies après ses débuts, l'acteur affirme qu'il ne se regarde jamais dans une glace lorsqu'il répète. S'il travaille, s'il joue, s'il monte des textes, c'est « pour que ça ait l'air simple. Qu'on ne voie jamais les coutures » : « c'est programmé, ça vient tout seul ». Je croyais que son métier était sa vie, mais sa vie passe avant toute chose : « Ce que je préfère dans la vie, c'est elle ! Bien manger. Apprécier le meilleur. Vous voyez les rideaux, eh bien c'est moi qui les ai faits. Le plus important, c'est la qualité des choses, des moments, des conversations. Voyez-vous, il y a deux mots qui me sont chers. D'abord la qualité. Il faut éviter d'avoir près de soi un animal qui gueule sans arrêt. Et puis le respect. Vis-à-vis des autres, de soi-même. Si on se néglige, on cesse de se respecter. »

Mais un jour, le couperet tombe. Il vous arrache à tout ce que vous pensiez connaître, maîtriser, posséder. Me voici aux Diaconesses Croix Saint-Simon, Paris 12e, dans l'unité de soins palliatifs dirigée par le Dr Gilbert Desfosses qui me présente à une aide-soignante comme la directrice d'un magazine de mode. Elle est rousse, ça tombe bien, la mode, elle adore. Il me semble immense, peut-être parce que ici on se fait tout petit, et comme il me le dit d'emblée : « Ici, quand les gens viennent pour la première fois, ils ont plutôt peur. » Il exerce dans ce service depuis dix ans. Il a l'allure d'un ambassadeur en blouse, deux stylos-bille dans la poche gauche, son visage plissé d'une mélancolie d'optimiste semble arrondi par le temps, et, là où la douleur comme la haine tailladent, il s'interdit tout pathos, avec une aristocratique retenue. C'est quand même étrange de visiter ce lieu à ses côtés, ce royaume des vivants à demi morts, dont j'aperçois ici et là un corps, si maigre qu'il évoque un tapis déroulé sur un matelas.

Je ne le connais pas mais je sais tout de lui, tout ce que l'administration a recensé pour qu'il puisse diriger, dans ce service extrême, ce bout du bout du monde de la vie, où sur 1 300 demandes annuelles, 250 sont acceptées. Le médecin ouvre la porte d'une cabine surchauffée, l'éden de la phase terminale, un ciel d'étoiles, une colonne de plexi dans laquelle des ectoplasmes fluorescents se dilatent électriquement. « Je faisais partie des hommes qui trouvaient la beauté un peu frivole. » C'est lui, pourtant, le Dr Desfosses, qui a demandé à son équipe si elle avait « besoin d'art dans le service ». Tout le monde a dit oui. « On a constitué un groupe de travail. J'ai contacté un designer, Mathieu Lehanneur. Il a disparu pendant six mois. Je me demandais si on l'avait fait fuir. Son idée tournait autour de la météo. La météo du lendemain plutôt que celle d'aujourd'hui. Le projet "Demain est un autre jour" est né comme cela. C'est à la fois discret et poétique. On peut y voir une tentative de maîtriser le temps. » Sous une peau en nid-d'abeille, une sculpture murale en forme de cercle diffuse des images de ciel grâce à un logiciel enregistrant les données météo. Atmosphère, atmosphère. « Il n'enlève pas la douleur, mais il peut remettre dans la vie », dit Mathieu Lehanneur. L'écran lumineux habituellement présent dans « le salon des familles » a été décroché, prêté au Grand-Hornu pour la rétrospective du designer. Depuis décembre 2012, chaque patient peut demander le ciel de ses rêves, celui qui lui est cher, celui de son enfance, des lieux qu'il affectionne en particulier. Silence d'un dôme bleu, sous lequel, allongés comme ils l'étaient enfants, scrutant les nuages aux formes d'animaux, de monstres, de créatures imaginaires, les patients s'endorment dans un lit d'herbes et de souvenirs. Autour de nous, un silence ammoniaqué règne parmi les vraies fleurs qu'apportent les bénévoles et les chaises Louis Ghost de Starck, pareilles à des papillons de plexi en escale. Je remarque ce petit camion de plastique, rangé sur un coin de Formica. Les familles ne sont pas là, mais les bouquets veillent, comme le piano sur lequel, il y a des années, une interprète vint jouer quelques notes pour mon oncle, cancéreux et mélomane. Il y a des jours, des moments, où rien d'autre que cela n'est possible. Ce n'est pas la folie, c'est au-delà, encore plus loin. Dépendants ou grabataires, les patients du Dr Desfosses sont souvent « douloureux ». C'est son mot. Il ne dit pas « ils ont mal », mais ils sont douloureux. Plus profonde que la souffrance physique est la douleur qui ne passe pas, réfractaire à tous les traitements, tous les pansements et toutes les attentions. Le service compte une infirmière pour cinq malades, contre une pour trente en gériatrie. « Tant qu'on n'a pas résolu certains problèmes, on ne peut pas redevenir quelqu'un. » Le cœur du vieux monsieur ne pompe plus, et pourtant, c'est comme si je l'entendais battre. Quelque part, il me dit que sa fin ne sera pas qu'une chute de plus, un cri de plus, il aura rencontré le Dr Gilbert Desfosses, qui l'aura regardé, qui lui aura parlé, il n'aura sûrement pas été lavé comme une voiture, il ne s'enfoncera pas dans la nuit sans avoir vu le ciel du jour d'après, ni demandé « Combien de temps encore, docteur ? ». « On part de l'idée qu'il y a des fins de vie plus ou moins compliquées. Il ne faut pas négliger les angoisses majeures, les familles épuisées. La France s'organise pour avoir une réponse graduée. »

J'ai eu envie de ciel. J'ai eu envie de lumière.

Ce n'est pas la Toscane des cyprès, mais celle des pins. Drue, salée, moins touristique. La terre, puissante et fière, s'arrondit au-dessus de la mer. De Castanetto, on croit que le ciel et la mer se confondent, c'est un bleu sans couture, un bleu à l'infini. En bas, le paysage des Maremmes se cisaille, plein de cicatrices et de ruptures, où se frôlent des mondes parallèles. Pour aller à la plage, il faut traverser la pinède, plonger dans ce noir vert, sorte d'antichambre naturelle glacée d'ombres et de mystère, puis faire quelques pas sur ce sable brûlant, se retrouver soudain aveuglé dans les dunes, avec cette mer qui vous ignore, toute nue, toute seule, indifférente. Un tapis se déroule et s'enroule contre le sable gris, une Méditerranée un peu trouble se répand, on dirait que chaque jour le soleil choisit de crever un sac d'où jailliront ces vagues, presque collantes et grasses, soumises à ce glaive d'or. Il faut ouvrir la grille. Passer de l'autre côté, se laisser aplatir par l'horizon surchauffé. C'est peut-être pour cela que les autochtones ont imaginé ces structures de fer-blanc si hautes, pour s'allonger. Comme des lits d'hôpital que certains font glisser sur l'eau. Chaque apparition est un mirage, chaque présence une question. Est-ce bien Sarah Ferguson ? Il fait noir sous le soleil, le sol brûle les pieds. A l'ombre des dunes grises et or, certains paparazzi ont dû rebrousser chemin en voyant les pancartes menaçantes accrochées sur les grilles d'accès à la plage privée : ATTENTION VIPÈRES.

Il n'y a pas de vipères, seulement des familles disséminées, à l'abri, entourées et solitaires. Autour, à Castanetto, en haute saison, il n'est pas rare d'apercevoir Mick Jagger, Daphne Guinness, hôtes de ces aristocratiques villégiatures où les épouses des magnats russes déplorent l'absence de jacuzzi. Dans le château qui domine la ville de Castanetto, c'est dans la chapelle privée qu'on se marie, toujours en famille, monde clos que jamais nul autre sang ne viendra souiller. Ils ont mille ans. Ils prennent leur bain sous des fresques, et apprennent à lire dans des livres d'heures, autour d'eux un ballet de servantes en blouse rose astique les bibles et les bustes de marbre. Ils ont tout dans le sang, cette bonne éducation qui pousse un petit garçon taré, accident chromosomique aux yeux clos, à venir nous saluer, parce qu'il le faut, à moins que dans ce regard caché sous des paupières lourdes comme des rideaux de chair, il n'y ait simplement qu'une envie d'amour. Cet amour absent du corps de cette mère si maigre au poignet gauche éclairé par sa Rolex et les gourmettes d'or enroulées en serpents.

Ici la folie s'empare des bois, comme elle embrase les têtes des héritières. Nul coloriste ne pourra jamais parvenir à reproduire leurs nuances capillaires, pareilles à des blés d'or. Pieds nus dans leur robe de soie, elles foulent les vastes demeures, misérables et altières, n'ayant plus rien que ces vastes mondes peuplés de fantômes. Cadres de bois dorés pour ancêtres médaillés. Elles ont toutes eu des reines mères au front sévère qui les ont expédiées dans des collèges anglais dès l'âge de 5 ans. Des grand-tantes au poitrail jaillissant d'un sombre fourreau de satin.

Avant d'être italiens, ceux qui vivent là se disent toscans. Ni industrieux ni affairistes. Ils sont fiers de ce ciel de velours bleu de Savoie, de ces collines tapissées de vignes, de ces raisins gorgés d'une lumière moins piquante qu'en Sicile, moins austère qu'en Sardaigne, de cette lumière unique, poudrée et fraîche, comme un patio de jasmin en été, où Sibilla della G, annoncée à l'heure de l'apéritif par sa caméristes, vient vous saluer, après son bain, dans une vapeur de Rose Tea sous sa tunique vert acanthe. Une lumière moelleuse à l'intersection de la terre et de la mer, plus fondante qu'un risotto aux poulpes violets ; un soleil craquant dans la bouche, comme les cantucci aux amandes d'or, les fiore di zucchini, comme le vino rosso que l'on boit sous la tonnelle de bougainvillées. Pendant la première quinzaine d'août, tous les cousins exilés à New York, Londres ou Milan se retrouvent au milieu des bois calcinés, heureux de dormir dans une maison n'ayant pas été, au hasard d'une nuit de gin, perdue par un oncle, lors d'une partie de poker, ou cédée à un quelconque promoteur. Par réflexe, ils évitent de cueillir tous ces fleurs blanches dont l'arrachement rime depuis toujours avec claque et punition.

C'est là qu'a choisi de vivre pour toujours la comtesse Ginevra Pucci, présence irréelle que protègent les cyprès de la demeure, plus fins que des soldats de plumes.

Ginevra Pucci

A l'entrée de la maison, une dizaine de chiens font le guet. Darkness, Zeus, Djinn Djinn, Scompiglio, Obama…. La garde rapprochée de Madame la Comtesse Ginevra Bossi Pucci n'apprécie guère les visiteurs qui n'ont pas été annoncés. A 86 ans, l'hôtesse est assise, entre deux défenses d'éléphant, impeccablement vêtue été comme hiver d'un de ses nombreux cafetans, fidèle à sa Rolex et à ses quatre-vingts longues et fines cigarettes quotidiennes. Qui va là ? Les hommes sont plus dangereux que les animaux. La Comtesse a longtemps hébergé toute une galerie un peu fantasque de cochons sauvages, d'hyènes, un lion, un tigre. Un film de famille l'atteste, tout comme les souvenirs de papier noir et blanc aux bords dentelés dont le procédé argentique exclut toute retouche. Dans les années soixante-dix, un tigre plus doux qu'une peluche de FAO Schwarz prenait chaque jour son bain dans les vagues. Il partageait ses récréations avec une biche, des chats, des sangliers… Le tigre est mort dans les bras de la Comtesse : il avait avalé une demi-balle de tennis qui lui perfora l'estomac. Elle l'avait nourri, partageant le charme bucolique de son existence avec les contraintes mondaines de son rang. Un tigre, un mari souvent absent, des enfants. Sur les photos, Madame la Comtesse tient son rang, parfaite, aussi figée que ses animaux, plus sages que des images. Majordome, cuisinier, *nannies* ont travaillé sous ses ordres, dans la plus parfaite quiétude, au milieu de cette jungle toscane. « Ma mère était follement amoureuse de mon père, qui allait chasser en Afrique, raconte Allegra, sa fille. Il lui a donné un fusil. Elle a tué du premier coup un éléphant, elle en a été très choquée. De ce jour-là, elle s'est promis de ne plus jamais chasser. » C'est ainsi qu'elle choisira de nourrir un sanglier au biberon, puis un autre, d'adopter encore un chat sauvage qui deviendra la mascotte d'Allegra : « Je n'avais pas la permission de jouer avec le lion. Maorex était trop grand. » Elle se souvient qu'un jour, à la suite d'une chute de cheval, le médecin qui l'avait hospitalisée raconta à sa mère : « Madame, votre fille a un bras dans le plâtre. Mais elle a besoin d'être maintenant soignée par un psychiatre. Elle raconte qu'elle vit avec des biches, un lion… » A la maison, il y avait effectivement deux cerfs, respectivement baptisés Kayser et Prince. « Les biches se nourrissaient d'herbe. Simba, le sanglier, et Choi, le puma, s'adoraient. Le lion mangeait des têtes et des cous de poulets que nous offrait un éleveur voisin. Quant à la louve, elle était la seule à être vraiment enfermée. » Un jour, après trois mois d'absence, Allegra a senti une masse énorme sur son dos. Elle rentrait de voyage, il faisait nuit. C'était le tigre. « Il était heureux. Il me léchait le visage sans s'arrêter ! Le meilleur peeling de ma vie. » Le seul, l'unique à venir l'embrasser, c'était le tigre.

Je desserre les écrous, la fatigue s'enfuit en torrents de rêves, d'images, de sensations. Sur la plage, je ferme les yeux. Je repense aux frontons de pierre, au ciel rose au-dessus des vignes, c'est par là qu'un jour est arrivé un homme à moto, casqué, qui cherchait son chemin et demandait de l'aide. Le locataire ne lui a pas ouvert la grille. On a su plus tard qu'il s'agissait de George Clooney. La question revient, lancinante. Qui va là ? Chaque homme est un intrus en puissance.

Madame la Comtesse hait l'été, parce qu'il signifie l'invasion de la chair, l'odeur du Monoï, ces cousins, ces cousines, ces petits-enfants trop bruyants qui finiront bien par plier bagage, repus de soleil, de vin et de sel. Allegra, sa fille, a dansé avec Mick Jagger, flirté avec des comtes, et dit oui à un richissime Brésilien à l'aube d'une nuit de champagne, pour rompre quelques mois plus tard, malgré les émeraudes énormes, les promesses et la perspective d'un confort bourgeois. Allegra a grandi avec les filles des bonnes et les lions, les cheveux emmêlés, genoux noirs, pieds nus dans les champs. Puis vint le temps de la buddha grass, des thai sticks, ces souvenirs chuchotés à l'heure où le ciel jaune et sec pétille, pareil au premier verre de prosecco. Après, il y eut le mariage, puis le divorce. Allegra vit seule, son sourire se voile parfois d'une légère fatigue, mais son prénom lui va toujours aussi bien. Ses fils jouent au tennis en espadrilles décolorées, entourés par les chiens. Ils avancent pieds nus, jamais ne se blessent, aucune épine ne semble les atteindre. Comme elle, ils adorent l'Inde et l'Afrique. Ils aiment boire et danser sous la lune. Comme chaque année, Allegra retournera à Milan, seule, sans se plaindre, travaillant par nécessité, pour entretenir la maison de sa mère, vendre ses relations sous forme de fichiers, pour de grossiers Ouzbeks décidés à lancer une collection le jour où Armani et Gucci défilent. Elle organisera un dîner assis placé pour 200 personnes, au risque de se faire traiter plus mal que les domestiques qu'elle n'a plus les moyens de s'offrir. Allegra et les autres parlent parfois des années noires de l'Italie, ils étaient un peu *scared* (effrayés) à l'époque des enlèvements. De toute façon, ils n'avaient plus d'argent. *Déjà*. Ses cousins ont des châteaux à Arezzo, Volterra, des palais où officient des Sri Lankais à la peau d'ambre dont on déplore l'insolente mollesse. Les hommes chassent, parfois l'un d'eux meurt sous les balles perdues d'un autre. La forêt est dense, la nuit opaque, on a l'impression d'être dans la chambre à coucher de la Terre.

Au-dessus de ce monde, au-dessus de la mer, Ginevra Pucci vit comme elle a régné et comme elle continuera de sévir, en silence, avec cette force première de l'instinct. Son petit-fils dit qu'elle déteste les gens faibles. Ceux-là, elle les attaque. « Je vous déteste », a-t-elle lancé à l'ami de sa fille venu lui rendre visite, qui, par peur maladive des chiens, avait demandé qu'on les enferme. « Et moi je vous aime », lui a-t-il répondu du tac au tac. Alors elle a ri. Mais son sens de l'humour n'est pas la chose la mieux partagée du monde. Un jour, elle se promenait sur la plage avec son lion, un promeneur est rentré tout habillé dans l'eau, saisi d'effroi. Le contrôleur des impôts, lui aussi, a rebroussé chemin en arrivant chez elle. L'affection qu'elle porte aux animaux lui a longtemps servi de bouclier. Pour se défendre, pour vivre, elle préfère partager l'excentricité du monde avec des êtres sans parole.

« Il y avait son mari, les chiens, et nous, en dernier, me dit sa fille. Elle a toujours eu mauvais caractère. » Depuis quelque temps, elle ne marche plus. Elle ne promène même plus ses chiens. Elle se lève pour aller regarder la télé, et se couche le soir, après avoir mangé sa mousse au chocolat, et bu son Amaro. Elle semble s'être déjà dit intérieurement : « *I give up* » (« J'abandonne »). Ginevra ne s'est pas confiée à moi. Mais qu'aurais-je pu exiger d'une femme dont le dernier check-up remonte à plus de quinze ans. Parler, n'est-ce pas un peu desserrer les écrous et laisser la maladie entrer ?

De retour à Paris, les rendez-vous s'annulent, d'autres, tant attendus, surviennent enfin. Il est fascinant de constater combien l'intelligence cultivée conserve, là où la bêtise ronge. « Ce n'est donc pas une raison, parce que aujourd'hui d'autres vieilleries croulent à leur tour autour de nous, et remarquons en passant que Luther est dans les vieilleries et que Michel-Ange n'y est pas, ce n'est pas une raison, parce que, à leur tour, d'autres nouveautés surgissent dans ces décombres, pour que l'art, cette chose éternelle, ne continue pas de verdoyer et de fleurir entre la ruine d'une société qui n'est plus et l'ébauche d'une société qui n'est pas encore », écrivait Victor Hugo dans sa préface aux *Feuilles d'automne*, en 1831. Il me semble que certains résistent, non pas tant par leur force physique que par la capacité à vivre au-delà de ce que leur renvoie leur époque. L'entêtement, qui va souvent de pair avec un repli obscur de l'intelligence, prend chez eux le visage de la force, oiseaux de proie habitués à ne voler que contre le vent.

« La mort frappe toujours à la porte, pour une maladie, un accident, une opération… Et vieillir, c'est avoir su fermer la porte plusieurs fois dans la vie », me confia Pierre Bergé, 82 ans, un jour de novembre, alors qu'il était rentré à Paris d'une de ses maisons de Marrakech. « Je suis revenu parce que j'avais des rendez-vous, il n'y a pas d'autre raison. Et peut-être parce que naïvement et d'une manière un peu vaniteuse, on a l'impression d'exister, c'est probable, il ne faut pas le nier. Le jour où l'on a coupé tous les liens avec le quotidien, les rendez-vous, les obligations, peut-être que ce jour-là on a entamé une marche inexorable vers la tombe. La fonction crée l'organe. Le mouvement appelle le mouvement… »

J'observe ainsi ceux qui planent « dans l'avalanche », bâtissent leur royaume « dans la tempête » plutôt qu'en fuite vers « un éternel printemps ». Des aigles plus que des hirondelles. « Physiquement j'ai une myopathie qu'on a découverte il y a une dizaine d'années et qui me handicape beaucoup », me confie le même Pierre Bergé. Le nom de ce fils de militants anarchistes, devenu entrepreneur, mécène, collectionneur, est associé pour toujours à celui d'Yves Saint Laurent. Celui que Matthieu Galey a un jour défini comme un « cobra dominateur » est aussi fidèle dans ses amitiés qu'imprévisible dans les engagements qui l'exposent. Chaque jour est pour lui l'occasion de repousser celle dont il dit « qu'elle n'a pas encore commencé ». Il veut parler de la vieillesse dont la reconnaissance serait un déni de lui-même. Je le connais sans le connaître depuis 1987, j'entends encore ses colères dans la maison Saint Laurent, je revois cette banquette rouge où les uns et les autres l'attendaient, ce canapé bas en cuir miel où il fait asseoir ses interlocuteurs, qu'il domine dans son fauteuil. Le bureau est de plus en plus encombré de livres, de cartons, et le portrait d'Yves Saint Laurent par Andy Warhol demeure, telle la statue du Commandeur : « J'espère que je ne finirai pas dans une petite voiture, mais ce n'est pas sûr. J'ai des problèmes pour descendre les escaliers, j'ai des problèmes à les monter, quelquefois je me casse la gueule, j'ai des problèmes de muscles dans les mains, j'ouvre moins bien les bouteilles… » Pierre Bergé m'assure qu'il « ne contourne jamais les obstacles, mais les affronte » : « Je suis contre la sagesse. Moi, j'ai appris avec le temps qu'on était toujours trop sage, qu'il fallait savoir encore s'enthousiasmer, s'enflammer, avoir des convictions, faire confiance, aimer la jeunesse… » Athée, il ne croit qu'au talent. « Les vrais miracles sont là. » Il a tout vendu, ou presque, chez Christie's, sauf ses livres qu'il continue de collectionner. « C'est ma première passion, c'est peut-être la raison pour laquelle j'y suis revenu. » Parmi les fidèles, Edmonde Charles-Roux, voisine et amie depuis plus de soixante-cinq ans… Son regard, dernier reflet de l'esprit de l'Europe et des Lumières, me revient alors, et rayonne dans l'ombre.

…Un voile blanc qui glisse et fuit dans les ténèbres,
Et, comme un météore au sein des nuits funèbres,
Vous laisse dans le cœur un sillon radieux[1]*…*

1. Victor Hugo, *Les Feuilles d'automne.*

Edmonde Charles-Roux

Je me souviens de cet hôtel particulier près de la Seine, un de ceux que la crue du fleuve pourrait inonder un jour. Quand bien même l'eau ravagerait la cour pavée, elle serait là-haut, au cinquième étage, au-dessus du monde, pratiquant celui-ci en recluse éclairée, ne sortant « que sur rendez-vous », avec ses souliers de nonne sur mesure, ses blouses de soie à lavallière, et ses tailleurs Saint Laurent. « Les derniers qu'il ait faits. » Ses œuvres sont traduites en dix-sept langues, mais la sienne, c'est d'abord le français, une langue qu'elle pratique avec cette exigence sans concession, chaque phrase prend le temps de s'épanouir, de se déployer, sans heurt, sans fracas, sans urgence, sans bip ni double signal d'appel. Quelque chose dans ce monde, entrevu lors de ses voyages, la terrifie. La solitude des vieilles dames qui errent sous « les grandes bâtisses », les voix sans autre réponse que « adressez-vous aux bornes d'information ». Elle redoute les chutes et les « raseurs » qui « oublient tous les numéros de téléphone, et arrivent toujours en retard ». Sa bonne éducation l'escorte partout, au point d'offrir toute forme de conseil à quiconque : « On a déjà tant de mal à se comprendre et à se donner des raisons d'être, qu'il me semble vain de proposer des réponses aux autres. Nous ne sommes pas des médecins. J'ai trop de respect pour l'espace dont dispose chacun, pour apporter du grabuge à mes voisins. » Grabuge, mec, salopard… Il y a des mots comme ça, qui sortent tout seuls, salves du Caporal d'honneur de la Légion étrangère qu'elle n'a cessé d'être. Des mots de soldats, nourris par la franche camaraderie de l'épreuve, des combats de sa vie. Bras sur Meuse, puis l'Autriche. Les blessures qu'elle dissimule à l'intérieur d'une histoire dont elle refuse tout étalage. L'écriture et le cinéma italien auront été les antidotes d'une souffrance dont elle tait le nom, métamorphosée à force d'adorations, qu'il s'agisse de Chanel ou d'Isabelle Eberhardt, si présentes qu'elles semblent là, autour de nous, dans cet appartement rempli de livres et d'images.

Son aisance traduit l'agilité de la jeune fille qui voulait être infirmière, prête à tout pour sauver les hommes. La mort, elle l'a vue, en face, à 20 ans, lorsqu'elle décida avec la fille de la Comtesse Pastré de prendre une voiture de Marseille à Verdun. « Ça ne pourra pas être pire que ce que j'ai vu, connu. Le drame, c'est de savoir que vous n'aurez pas votre mort. Vous aurez une mort. Elle n'appartient à personne. Vous ne pouvez l'adoucir que par la parole. Arriver à faire rire… » Pendant des années, elle a échangé des lettres avec « ces bonshommes appelant leur mère dans la nuit ».

Tout revêt un charme autour d'elle. J'ouvre la porte, elle me dit : « Vous avez vu ma Bentley ? » Elle parle de son ascenseur, une folie d'inox supersonique sur laquelle la plaque de cuivre à son nom – la seule – tranche de manière inédite. Elle a deux paires de souliers, dont l'un a souffert « d'avoir été trempé pendant la fête de l'Humanité ». Elle porte ses lunettes finement cerclées d'or, comme Beauvoir arborait son turban, sans fards, ni vernis. Quelques bagues en or sur ses mains fines aux ongles religieusement polis. Elle pratique la séduction en douairière rive gauche, avec cette légère intonation nasale qui lui fait regretter que ses amis de gauche excluent certains de ses projets, comme édifier une statue aux *nannies.* Après tout, ce sont elles qui l'ont élevée, elle, l'enfant sauvage habituée aux honneurs dès le plus jeune âge.

Se définissant comme « une bourgeoise de A à Z », elle a déclaré un jour avoir avec Dieu « d'excellentes relations, conflictuelles et vivantes ». C'est une excentrique qui s'endort, la médaille de saint Christophe offerte par Chanel sur sa table de nuit. Elle aurait voulu parler le russe, l'arabe, le chinois ; c'est la plus orientale des grandes bourgeoises françaises. Dans ses yeux, dans ses mots, l'histoire se déroule sans se défiler, avec la force qui rend tout possible, celle de vivre pour dire « non », et de continuer d'être pour toujours cette jeune fille qui, un jour, au petit déjeuner, annonça à sa famille qu'elle irait rejoindre la Légion étrangère à Verdun. Elle revint, combattue et méprisée, parce que, avoir travaillé dans les armées « c'était pire que tout ».

En cette nonagénaire cosmopolite, demeurent des regrets. « Je suis certaine que j'avais la possibilité d'une carrière musicale et que la guerre l'a foudroyée ». Au-delà des honneurs, l'énigme demeure intacte, la biographie non écrite est visuellement déterminée par des échappées belles, des coups de foudre, des silences aussi. Celui que nous partageons en cette fin d'après-midi est souverain. Car je ne connais pas d'autre femme capable comme elle d'improviser un tel moment de bonheur, lorsqu'elle me chante un air d'enfance. Nous voici comme téléportées d'un grand salon de réception de l'ambassade de France (Saint-Pétersbourg ? Le Caire ? Istanbul, Milan ?) à l'intimité d'un refuge rive gauche, comme si quatre-vingts ans s'étaient dissous dans l'éternité d'un mirage. Son regard a tout vu, les consuls et les légionnaires blessés, les oreillers tachés de sang et la divine Cigaline, le premier défilé d'Yves Saint Laurent, dont elle est le dernier témoin vivant à l'avoir rencontré, quand il avait 16 ans.

Mais rien ne semble peser sur cette grande dame rebelle qui parle de son frère dans les Ordres qu'elle va rejoindre à Noël, comme s'ils avaient encore tout leur temps. Le destin, qui l'a dispensée d'être mère, l'honore d'un don illimité pour l'enfance, l'âge d'or de la découverte permanente. La présidente de l'académie Goncourt ne respecte que les vêtements qu'on habite et les êtres qui n'ont pas peur d'être différents. Elle a gardé, sur les conseils de

Gabrielle Chanel, son chignon arlésien, comme un trophée. Elle a ce don suprême pour la liberté d'être, d'inventer son propre chemin, de tracer sa route, du côté des artistes, en savourant tous les enchantements à commencer par *Guerre et Paix*, le roman de Tolstoï, qu'elle confie avoir lu une quinzaine de fois. « A la vue de cette ville étrange, d'une architecture inconnue et insolite, Napoléon éprouvait cette curiosité un peu envieuse et inquiète qu'éprouvent les hommes à la vue des formes d'une vie étrangère qui les ignore. A n'en pas douter, cette ville vivait de toutes les forces de sa vie propre. À ces signes indéfinissables auxquels, à une grande distance, on distingue sans se tromper un corps vivant d'un cadavre, Napoléon voyait du mont Poklonni palpiter la vie de la ville et sentait comme le souffle de ce grand et beau corps[1]. »

J'avais envie de garder longtemps en moi le parfum de ce rendez-vous, au moins jusqu'au bout de la rue des Saints-Pères, qui va d'un côté en se rétrécissant jusqu'à la Seine, et s'ouvre de l'autre, presque béante, sur le boulevard Saint-Germain, l'une des dernières grandes artères parisiennes où l'on croise autant de jeunes filles que de personnalités d'âge mûr, avec leur cour et leurs rituels. Le temps y est aristocratiquement juché au-dessus du monde. L'argent tout neuf

1. Léon Tostoï, *Guerre et Paix*.

laissé en pourboires au restaurant La Société et les murs trop blancs de la librairie La Hune semblent à peine troubler les habitudes de ces pensionnaires de la rive gauche pour lesquels traverser la Seine est une infidélité faite à eux-mêmes.

Bettina Graziani

Bien qu'ayant été une muse rive droite, c'est rive gauche que Bettina a élu domicile. Née Simone Bodin, en 1925, elle doit son prénom de salon à Jacques Fath, et fut l'un des derniers grands modèles vivants des années cinquante. A l'époque, son tour de taille et son tour de tête partageaient les mêmes mensurations : cinquante-deux centimètres. Sur les images, elle incarne pour toujours l'envie de ré-enchantement dont parlait Dior, l'inventeur du New Look, au lendemain de la guerre. Un corps en ellipse que ponctue un béguin à plumes, un trait de rouge, un regard souligné d'eye-liner sur un minois un peu effronté. Au fond d'une cour pavée du septième arrondissement, son appartement en U est pareil à une demeure de province ; les carreaux de Delft de sa cuisine aux meubles peints, la pierre de Bourgogne, les bibelots et autres bagatelles harmonieusement disposés sur des tables de jeu et les commodes XVIIIe y sont une invitation délicate au bien-vivre. Qu'elle ait été longuement liée au prince Ali Khan et refuse aujourd'hui de parler de sa vie privée n'enlève pas au charme du personnage qui circule chez elle avec son panier d'osier, me guidant dans cette bibliothèque où la gouvernante chinoise me sert un verre d'eau sur un petit plateau d'argent au napperon blanc. « La vie se remplit de choses qu'il ne faut pas faire. Chaque personne est responsable de tout, cela donne une atmosphère négative, les gens sont accablés », déplore Bettina, restée aussi rousse qu'elle est fidèle à Azzedine Alaïa. « Alaïa, c'est une thérapie. On se retrouve dans des vêtements qui vous font du bien. La première chose que j'ai faite en sortant de l'hôpital, c'est d'aller chez lui. » L'année dernière, elle a reçu moins d'invitations pour les défilés. « Les handicapés, dans la mode, on n'aime pas trop. » Depuis, Bettina dit avoir jeté ses béquilles « par-dessus les moulins ». Le téléphone sonne, c'est une amie. « Tu viens dîner, formidable. Li va descendre à la poissonnerie de la rue du Bac acheter un pavé de saumon. » Bettina poursuit : « Je n'affronte pas le temps parce que je le vis. Je ne suis pas en butte à quelque chose d'irrémédiable. Parfois bien sûr, je me dis que j'ai peu de temps devant moi… » Elle a toujours des projets en tête, des voyages, des envies, l'America's Cup, un trekking en Nouvelle-Zélande, changer les jardinières de ses fenêtres, faire des longueurs à la piscine du Bristol, trouver le bon pot-pourri anglais, aller choisir les bougies, les fleurs, des roses sauvages pour le petit salon, les orchidées pour la bibliothèque-boudoir : « Ma maison est une grande partie de moi-même. J'ai besoin qu'elle vive avec moi, en moi. » Le 1er janvier 2013, elle s'est surprise à danser, justement chez Azzedine Alaïa. Son principe, qui n'en est pas un, est de ne pas s'appesantir sur sa personne. Elle se souvient que ses parents ont divorcé quand elle avait 6 mois, et qu'elle a tout appris, pendant la guerre, adolescente. « Je sais tout faire, la cuisine, le ménage. Je m'entretiens depuis des années. Ce qu'il faut garder, c'est la souplesse, continuer à lacer ses souliers. C'est quand les jambes bougent mal qu'on vieillit. Au fond, le corps est plus important que les rides dont on s'arrange. » Comme des pinceaux dans leur godet d'argent, les freesias pastel m'annoncent le printemps. Bettina me parle de la fameuse « blouse Bettina », que Hubert de Givenchy avait conçue pour elle. « Il va bien ? Il faut que je l'appelle. » Dans l'éclat de ce « shirting » si frais au toucher craquant, j'entends la petite musique d'une vie, ces séances interminables avec Irving Penn pour lequel un quart de tour de tête ou un bras à demi levé devenait une affaire d'Etat, je me souviens de cette image, avec Bettina, dans son pantalon cigarette rouge, sa blouse rouge et ses ballerines, avec Picasso, dans la Villa Californie. Pieds nus sur le tapis d'Aubusson, elle reprend un café noir et confie : « Avec le temps, on réfléchit sur les choses au lieu de les vivre. On mûrit. C'est une façon douce de se dire qu'on va vers l'âge de raison. On comprend mieux, on analyse mieux, on perd moins de temps, on profite mieux de tout. La vie de velours n'existe pas. Ma chance, c'est de savoir attraper les choses quand elles passent, comme avec la plume de mon bibi. » Et de conclure : « Rousse, ça vous met quand même à part. »

Tous les personnages que j'ai rencontrés sont des privilégiés. Non pas tant grâce à l'argent gagné ou hérité, que par leur capacité à se défendre, au sens presque militaire du terme. La plupart mourront probablement seuls, loin des maisons de retraite capables de résilier un contrat de séjour pour « incompatibilité avec la vie en collectivité ». Le drame va aller chaque jour en se développant. Le nombre de personnes âgées dépendantes se multiplie, et les établissements spécialisés à l'image noircie par les drames de la maltraitance manquent de place. Elles pratiquent le turn-over sans complexe. Trois ans, telle est l'espérance de vie moyenne d'une personne après son admission dans une maison de retraite. La notion de « consentement éclairé », au cœur du projet de loi portant sur l'adaptation de la société au vieillissement, a été annoncée par Michèle Delaunay, ministre déléguée « aux Personnes âgées et à l'Autonomie ». J'aime le P et le A en majuscules. La Villa Beausoleil, d'où avait été expulsée une petite vieille de 94 ans pour cause de « délaissement » et impayés à hauteur de 40 000 euros, soit dix mois d'hébergement, a été placée sous contrôle renforcé.

Entre les destinées héroïques et l'anonymat consenti n'y a-t-il pas une autre voie ? Je prends rendez-vous avec le Dr Olivier de Ladoucette, psychiatre gériatre, auteur de *Rester jeune, c'est dans la tête*, et du *Guide du bien vieillir*. Au Café Vauban, je le reconnais, avec son duffle-coat d'étudiant et son écharpe multicolore. Il s'est défini comme un « optimiste inquiet », distinguant l'âge affectif de l'âge intellectuel et de l'âge subjectif : « Celui que l'on se donne. En général on s'attribue sept ans de moins. C'est un signe performant de bien-être. » Il en a 53, il veut vivre jusqu'à 100 ans. « Aujourd'hui, on peut inventer sa vie à 50, 60, 70 ans. Les gens vivent de plus en plus longtemps. Le problème, c'est que la société ne sait pas faire face au vieillissement. Les gens s'imaginent que leur fin de vie sera désastreuse, ils sont prêts à sacrifier des années de gain d'espérance de vie, trente ans en un siècle, parce qu'ils redoutent ce moment. » Sans ce livre, sans cette rencontre, je n'aurais peut-être pas compris à ce point que le vieillissement n'est pas seulement un processus biologique, car si les facteurs génétiques représentent 30 %, d'autres comptent tout autant : vivre ou pas dans un milieu hostile, avoir ou pas le désir d'apprendre, d'être, de faire, pratiquer ou pas une activité physique. « Le secret du bien vieillir, c'est tenir compte de tous ces paramètres, et les faire avancer en même temps. On est comptable de son comportement. On vieillit comme on a vécu. »

Je repensais à ces dames squelettiques dans leur peignoir éponge, prenant leur bain glacé dans l'Atlantique ou la Manche, coûte que coûte, chaque jour de l'année, à ces vieillards chinois calligraphiant l'espace de leurs bras noueux, et à mon grand-père qui sombra, quelques mois après avoir renoncé au métier de chapelier. « Toutes les études montrent que plus on travaille tard, plus on vit longtemps. Les syndicalistes sont dans une logique court-termiste… » Olivier de Ladoucette m'a expliqué que la prévention commençait au cours préparatoire. Autant le dire, au berceau. Sa leçon de bien vieillir n'était autre qu'un cours d'humanisme. Apprendre à se respecter et à respecter les autres. « La vie est un continuum. La médecine ne peut répondre à tous les besoins. » Pour lui, « vieillir ne rend pas casse-pied. Ce qui rend acariâtre, c'est l'incapacité d'un individu à gérer les deuils successifs qu'il a affrontés ». La formule tient en trois lettres : SOC. « Sélection. Optimisation. Compensation. » Savoir, comme Arthur Rubinstein, qui donnait encore des concerts à plus de 80 ans, choisir les morceaux qu'il jouait le mieux, travailler la volée plutôt que les jeux en fond de cours. Bref, accepter le temps, et composer avec lui. « Les femmes trop retouchées installent des lignes Maginot prêtes à se rompre. Une petite retouche ici et là, un lifting, je ne suis pas contre. Mais ne devenons pas des mutants. » Olivier de Ladoucette m'a été élevé en partie par sa grand-mère de 85 ans. « Les vieux visages travaillés par le temps ne m'indisposent pas. J'adore les vieux couples, leur complicité extraordinaire ». Il n'est pas allé voir *Amour* parce que « c'était (son) quotidien ».

Je me suis souvenue ensuite du baisemain que fit mon père à ma mère, ce dimanche soir, dans la chambre 214 de la clinique Turin. Et d'elle me disant : « Fais chauffer le bouillon pour ton père. » La salle du Vauban s'était remplie, puis vidée, le ciel semblait chargé de gros paquets noirs. « Ce qui fait peur, ce n'est pas la mort, c'est le sentiment de mourir. » Il suffisait pour s'en convaincre de suivre l'actualité. Henri Dutilleux, 97 ans, venait de sortir un disque. Et Christian Millau, 83 ans, publiait son *Dictionnaire d'un peu tout et n'importe quoi*. Entre « Jeu » et « Jockey », l'adjectif « Jeune » lui inspirait ces lignes amusées : « Dieu que la France sous les rois était jeune ! Dans cette jardinerie de vieillards qu'est devenu notre ci-devant pays où même les jeunes aspirent à la retraite et au confort de la niche, il nous est difficile de l'imaginer… » Je lui écrivis un courriel. Il me répondit dans les cinq minutes. Si les femmes modernes étaient « des cabines téléphoniques à talons », le plus épicurien des mémorialistes asticotait l'époque à coups d'aphorismes et de réflexions sur une époque en cavale. « Papier (sans) : Dans un monde sans papier, je n'existerais plus. Lire sans toucher du papier, c'est comme aimer une femme sans pouvoir la caresser. » Ou encore : « Moi : Tiens, cela fait longtemps que je n'ai pas pris de nouvelles de moi. » Il me proposa de déjeuner dans l'une de ses deux cantines. Je lui dis qu'avec lui, j'aurais peur de confondre ma fourchette et mon stylo. Je lui proposai de venir chez lui, ce qu'il accepta sans façon : « Oui, à cinq heures. Thé ou vin rouge ? »

Christian Millau

A l'orée du bois de Vincennes, l'immeuble datant des années quatre-vingt-dix avait gardé le nom de Villa, tout comme les buis en pot conservaient, malgré la grêle et le froid, un air d'éternel printemps. Ce fut le couple qui m'accueillit avec une hospitalité de circonstance – « Voulez-vous me laisser votre manteau ? » – qui me sembla aussi distinguée que la silhouette d'Arlette, col roulé de cachemire gris, jupe trapèze et mocassins à talon bûche, à laquelle le maître de maison ordonna doucement : « Tu nous fais du thé, mon chou ? » La voix légèrement rauque, elle me parla des rosiers qu'elle n'avait pas encore taillés, sa cigarette prolongeait ses gestes, elle nous servit du thé dans un joli service de porcelaine chinoise, avec de gros macarons blancs assortis aux deux divans ombrés de gros coussins, puis disparut, plus légère qu'un nuage. D'emblée, il me fit penser au Pierre Lachenay de *La Peau douce* de Truffaut, ce directeur de la revue littéraire *Ratures*. Dans son costume de velours côtelé kaki et sa chemise à carreaux portée sous un pull rouge à col V, il aurait lui aussi pu être un spécialiste de Balzac. La conversation s'engagea, à bâtons rompus. Christian Millau, couronné par le Prix du Livre incorrect pour son *Journal impoli* et salué pour son *Journal d'un mauvais Français*, venait de publier son *Dictionnaire d'un peu tout et n'importe quoi* aux éditions du Rocher, millefeuille de choses vues et de portraits croqués sur le vif avec une verve de satiriste. Grand reporter, Christian Millau avait fait ses débuts au *Monde* avec un reportage sur la Yougoslavie de Tito. Il avait croisé Churchill à Venise, joué au ping-pong avec Anouilh, écrit le scénario d'un film qui ne vit jamais le jour avec Chester Himes, avant de faire de Michel Guérard le prince de ce qu'il appelait alors avec son complice Henri Gault la « Nouvelle Cuisine ». Sa carrière d'écrivain a commencé lorsque, ayant pris sa retraite, il publia *Au galop des hussards*, qui lui valut le Grand Prix de l'Académie française de la Biographie et le prix Joseph-Kessel. « A partir de là, je me suis mis à sortir un livre par an. » Ce pessimiste joyeux, qui se disait « de droite » tout en la détestant, avait 84 ans officiellement, autant dire l'âge d'un jeune homme. Il disait « vomir » les expressions débiles de « senior » ou de « vermeil » : « Je suis un vieillard, ou, à la rigueur, un vieux monsieur indigne. Le plus difficile à supporter quand on avance en âge est de se sentir toujours jeune. Il n'y a rien de tel qu'un escalier à grimper pour me ramener à la réalité. »

En 2013, il est toujours détenteur de la carte de presse 13803, immatriculée en 1949. Sous les lunettes, son regard perpétuellement mobile frise, s'allume, s'amuse, met en pièces la pensée unique et ce qu'il appelle le « discours révérenciel » autant que le « parler correct ». « Quand on me dit "ah comme vous avez bonne mine !" je sens bien que les choses commencent à se gâter. » L'amoureux du beau et du bon, qui a fait sa fortune sur la route enchantée de la critique culinaire, sait apprécier ce qui l'envoie chaque fois « au paradis », qu'il s'agisse d'une bonne baguette de pain, d'un excellent beurre, ou de langoustines « justes saisies, avec des tomates aux épices et un crumble au vinaigre balsamique » comme celles proposées par Guy Martin au Grand Véfour. « Quelques notes de Mozart et la Terre s'envole. » Oser un vieux porto blanc sur un consommé aux pointes d'asperge, une « vendange tardive » d'Alsace sur un brie de Meaux, ou un vieux calvados sur une côte de bœuf, c'est refuser à sa manière de se laisser embarquer « dans un monde fait de passages cloutés ». C'est tenir tête au temps en rêvant de mots « légers et soyeux », des mots qui volent « comme des papillons sous le soleil », écouter encore et toujours Schubert et Liszt… S'il convoque Marivaux et Jules Renard à la table de ses émerveillements, il asticote une époque « formidable » (bien que « ramollie ») en conteur amusé, et dénonce le culte des autofictions – « des égouts à ciel ouvert » – autant que les tentations infantilisantes : « Nous sombrons. Notre pays est entre les mains d'incapables. Notre Education nationale prend l'eau. De toutes jeunes filles sont forcées au mariage par des barbus qui les condamnent ensuite à se voiler le visage. Et qu'est-ce qui préoccupe notre ministre des Droits des femmes, porte-parole du gouvernement, Madame Najat Vallaud-Belkacem ? C'est l'outrageant silence des manuels scolaires à propos de l'orientation lesbienne, gay, bi, ou *trans* de certains personnages historiques ou auteurs… » Les grands auteurs et les artistes les plus « éminents seront abordés via le plumard, le zibar et la zézette », s'amuse celui pour lequel la vie est un théâtre, où la réalité et la fiction flirtent en toutes circonstances.

Au-delà de son nom qui restera comme le label associé aux meilleurs confits, aux grands vins et aux foies gras d'exception, son regard est son sésame. La meilleure arme pour juger d'un éclair au café dans une pâtisserie, ou d'une glace à la vanille dans un restaurant. « J'achète à l'œil. » Je retrouve chez cet amoureux des mots l'atmosphère du Paris des échotiers, d'une vie nourrie par tout ce qui a fait de cette ville une capitale, dans l'échauffement des Premières et des soupers en ville, des indiscrétions et des petits bonheurs du samedi : « Le retour du marché, la tasse de chocolat à la terrasse des Deux Magots où j'attends Léon-Paul Fargue qui aimait tant Paris, "jusqu'à ses verrues et ses taches", les quais côté rive gauche, les antiquaires de la rue Jacob, les paulownias de la place de Furstenberg… »

Christian Millau n'a pas d'iPhone, il a choisi de rester plutôt que de « partir », cultivant son jardin dans son bureau, où un minuscule miroir sorcier fixé sur une bibliothèque blanche lui renvoie l'image agrandie et déformée de lui-même dont il se soucie si peu. Il avoue qu'avec « soixante ans de moins », il n'aurait eu aucune honte à « se casser, s'esbigner, à riper, à se faire la belle ». En un mot « à prendre mes cliques et mes claques, à mettre les bouts, à aller souffler le ballon d'une contrée où l'air est plus respirable ». C'est dans la solitude de cette pièce éclairée d'une lampe néo-Empire qu'il entretient sa flamme au quotidien, lui qui avoue avoir « franchi un cap » le jour où il a pu dire à son épouse qu'il n'irait plus dîner avec des ennuyeux. « Avec l'âge, on se sent comme des ailes pousser. Nous sommes comme de vieux anges », me confie-t-il en riant. Le temps qui passe, celui qui rend parfois les levers pénibles, « à cause d'un mal de dos », est toujours son allié. « Disons qu'avec le temps, je creuse ma superficialité, m'explique-t-il, affable. Travailler, c'est un pli. Alors je continue, en écrivant. C'est un besoin… »

Figure absolue du terroir, l'homme, de son vrai nom « Millot-Dubois », semble appartenir à un autre monde, c'est à l'âge de 65 ans que ce catholique normand a découvert ses origines juives. En 1995, un certain professeur Vladine, exerçant à l'université de Moscou, lui a révélé, arbre généalogique à l'appui, qu'il était le petit-fils d'un marchand nommé Savely Mazur… Ses grands-oncles et ses grands-parents ont disparu dans les camps nazis et les purges staliniennes. Christian Millau se souvient des confidences de sa grand-mère : « Les Russes ne sont pas méchants, ils sont juste un peu sauvages. » Le voilà qui me parle de sa mère pianiste, qui « cuisinait les topinambours avec grâce ». La famille n'était pas mal lotie mais la température ne montait pas au-dessus de onze degrés, « on mettait les pieds sous une chancelière ». Le grand salon blanc prend des airs de salle de cinéma. Le ciel est tout noir, la mémoire galope. Christian Millau se souvient de l'appartement de la rue Mignard, de la concierge, Madame Milor, à qui son père offrait des lames de rasoir, « parce qu'elle avait de la moustache », des enfants qui venaient goûter avec l'étoile juive cousue sur le manteau, du voisin juif qui a disparu un jour, du grand-bourgeois qui s'est installé dans son appartement, de tout ce à quoi il a échappé, parce que sa mère, mi-juive, mi-orthodoxe, avait falsifié les papiers. « Il y a en moi cette part de raison française, cartésienne, bourgeoise, et en même temps ce côté un peu fou. C'est dans l'écriture que je trouve l'équilibre. Seule l'écriture permet de filer dans tous les sens. J'ai toujours besoin de me mettre de l'autre côté de la route… » Ce jour-là, il m'a parlé de son projet, un roman sur les ridicules de la société : « Il faut que je profite de mes jambes. Ce n'est pas que j'écrive avec mes pieds, mais tout de même… »

Je ne peux m'empêcher de penser qu'il est, qu'il restera peut-être, ce Swann à table ayant consacré trente ans à la gastronomie, une discipline qui n'était peut-être pas son genre. Aurait-il autant secoué les dogmes de la haute cuisine française s'il s'était reconnu hérétique ? Fallait-il qu'il soit juif pour dénoncer les méfaits de la cuisine au beurre, les fonds réchauffés et les plats en sauce, et pour leur préférer la cuisine du marché, les juliennes de légumes et la cuisson en papillote ? « Tu seras inventif », prescrivait aux chefs le dixième et ultime « commandement de la Nouvelle Cuisine » en 1973. Profondément français dans ses coups de gueule, Christian Millau possède cette forme d'intuition féminine que Proust réserve à certains personnages nés dans la patrie de l'exil, et dont ses truculents confrères ont été dispensés. Que lui a apporté cette révélation sinon « quelque chose d'indicible, qui était en moi. Un sentiment d'appartenance »... C'est l'œil vif et le pas léger que le petit-fils de parfumeur a devancé les critiques aux estomacs alourdis par les faisandages et les marinades. En témoignent son attrait particulier pour les chefs-d'œuvre dont la force est d'interroger le monde, d'en révéler les torsions et les fêlures, sa propension naturelle à s'être frotté à quelques monstres, de Blaise Cendrars à Ernest Hemingway, ou son indéfectible curiosité pour la vie : « On confond l'épicurisme avec la satisfaction du plaisir terrestre. C'est une recherche mystique, c'est trouver l'impossible perfection... » Ce métier de journaliste n'en sera jamais fini pour lui, tant qu'il vivra, il l'a dans la peau, rien ne semble le rassasier vraiment. S'il s'y est lancé c'est parce que, depuis toujours, il s'intéresse davantage aux autres qu'à lui-même, la vocation déjouant tous les pièges de la mondanité. Lui qui reconnaît ne pas comprendre l'art contemporain, a tout de même repéré les trois crucifix d'Adel Abdessemed. La force des Affranchis est de vous ouvrir des horizons nouveaux. Christian Millau est de ceux qui vous poussent à aller de l'avant, à vous donner envie de vous lever pour revoir Hopper, à 3 heures du matin. Et je ne peux m'empêcher d'imaginer que s'il est né deux fois, la première en 1928, la seconde en 1995, il garde, face à d'autres personnalités bien plus jeunes, cette fraîcheur d'esprit dont parle Proust dans *Le Temps retrouvé* : « C'est avec des adolescents qui durent un assez grand nombre d'années que la vie fait des vieillards. » L'équivalent gastronomique de sa disposition au bonheur serait peut-être une « poignée de haricots verts coupés au fond du jardin », le comble du luxe selon ce sage iconoclaste qui m'invite à fêter le lancement de son livre, avec quelques amis, chez Guy Savoy.

Mais la réalité me rattrape dans un grand fracas. « Où es-tu, Laurence ? Maman a un problème médico-chirurgical, viens directement quand tu arrives. » Ce dimanche, je n'aurais pas dû prendre le casier 13 à la consigne d'Anvers. Chez mes parents, personne ne répondait au téléphone. J'ai réussi à m'introduire dans l'immeuble ; dans l'appartement, je n'ai trouvé qu'une feuille blanche sur laquelle était écrit en gros : « Clinique Turin. » Dans la salle d'attente, j'ai rejoint mon père, mon oncle, deux voisines, et ma mère, un bout de manteau sous la tête, d'une pâleur extrême dans sa robe de chambre. En moins de trente minutes, elle venait d'être admise pour syndrome occlusif. Une infirmière l'a installée dans la chambre 214. Un trois-étoiles, comparé à l'hôpital où mes parents avaient attendu trois heures aux urgences la dernière fois. Mon oncle s'excusa de ne pas avoir répondu à mon texto « bon anniversaire », nous étions nés le même jour, mais là, il avait eu une gastro, sans doute à cause des Saint-Jacques au cognac dégustées dans un restaurant chinois près de chez lui. Ma mère répétait qu'elle avait envie de vomir. Elle n'avait rien mangé de la journée. J'ai sorti les affaires du sac de sport, fait un peu de rangement, il faisait vingt-six degrés dans la chambre. Le chirurgien est arrivé, il l'a examinée : « Vous n'avez pas de météorisme douloureux, mais un abdomen discrètement ballonné. » Puis il est parti pour aller enfiler sa blouse blanche. Ils étaient tous les trois médecins, le débat sur la parésie générale semblait altérer la douleur de ma mère, qui revenait par spasmes. On lui a mis une sonde gastrique et une perfusion. Puis nous avons attendu à nouveau. Je faisais les allers et retours entre la chambre et les infirmiers, « en fait, l'Atarax, ce n'est pas deux comprimés, mais un seul, et de 25 ». Même affaiblie, ma mère contrôlait les prescriptions. Et c'était la force qui lui restait ce jour-là. Puis nous sommes partis, j'ai raccompagné mon père, qui m'a dit : « J'ai trop vécu. »

Elle a été transférée à l'hôpital Cochin. Des fils partout, des écrans, des courbes fluorescentes, un ballet d'aides-soignantes coiffées de charlottes. Deux visiteurs par chambre. S'il vous plaît, madame, vous pouvez attendre, non on n'entre pas. Mon père a mis un masque. Le service de réanimation est une plongée dans un autre monde, le royaume de la perf et du haricot, dans lequel une infirmière a roulé des bouts de gaze humidifiée qu'elle glisse dans la bouche de ma mère. « Alors, il vous plaît ce gloss ? » Ma mère répond d'une voix éteinte, mais la lumière est dans son regard. Ses joues sont plus roses. Vieillir c'est repartir, je voudrais qu'elle revienne, qu'elle puisse quitter ce lieu. J'ai trouvé quelqu'un pour repeindre sa chambre et poser une nouvelle moquette.

2013, année du Serpent, de toutes les métamorphoses.

« *Alors,* me demandaient mes amis, un peu révulsés par ce projet sur le grand *breakout* de l'existence, qu'*as-tu appris, que sais-tu maintenant de plus ?*

Au bout de leur vie, ils m'ont transmis son essence, un élixir d'or, de sagesse et de mélancolie. Ils sont, et seront pour toujours, mes guetteurs de brume, mes oiseaux migrateurs dont l'élégance un peu borderline passe parfois pour une forme de tyrannie. J'aime ces reines penchées et ces funambules de vermeil. Mes renards argentés forment un monde à part, riche de souvenirs, mais si immergé dans le présent qu'il ne laisse aucune place à la nostalgie. La vie file devant eux à vitesse variable, le tout est d'en rester maître, jusqu'au bout, de se battre, à travers une passion, le métier de vivre, de jouer sur scène, d'écrire, de photographier, de se chauffer au soleil de la Beauté, de ne négliger aucune promesse de bonheur. Ils échappent aux statistiques, aux reportages sur la maltraitance dans les maisons spécialisées, à toutes les frayeurs qu'entretient ce monde en pénurie de spermatozoïdes et d'humanisme. Comme les usines, les vieux sont désormais délocalisés. Face à l'afflux de personnes âgées dépendantes, les familles allemandes sont de plus en plus nombreuses à expédier les grands-parents dans des pays comme la Slovaquie, la Tchéquie, la Hongrie mais également l'Espagne ou la Thaïlande. Les retraites médicalisées *low cost* fleurissent dans la vieille Europe dévastée par la crise. « La sagesse des vieux, en Orient, est favorisée par un grand respect. Ici, voyez comme un Charles Aznavour va au charbon jusqu'à plus d'âge », avait expliqué Georges Moustaki lors d'une de ses dernières interviews au quotidien *La Croix*. « Les anciens acceptent moins facilement de vieillir. On ne voit que l'aspect négatif, l'approche de la mort. » Il n'a pu me recevoir, rongé par une maladie irréversible. « Enfant à Alexandrie, je trouvais les vieux remplis de joie de vivre. Je les observais avec plus de convoitise que la génération de mon père qui réussissait avec servitude. Je rêvais d'accéder au grand âge. J'y décelais cette soif de liberté, présente dans l'enfance et la vieillesse, qui a toujours guidé mes pas. »

Au-dessus de nos existences « débordées », ces valeureux ont fait de leur ennemi, le temps, leur plus précieux complice. Ils ont franchi un stade au-delà duquel on ne peut être qu'heureux. J'imagine que dépasser 80 ans c'est un peu comme franchir le cap des 45 minutes lorsqu'on fait du sport. C'est là seulement que l'on commence à apprécier l'effort, pour se sentir mieux après… Ils sont heureux parce qu'ils ne redoutent rien. Un jour, chez l'ophtalmo, un bruit m'intrigua ; on aurait dit un chat broyé dans le sac d'une patiente. En fait, c'était un homme aux cheveux gris et au physique longiligne, assis dans la salle d'attente, qui émettait à intervalles irréguliers des cris d'animal apeuré. Il ne semblait pas s'en rendre compte et c'est ce qui était le plus insupportable. Une fois avec le médecin, je me permis de lui demander ce dont souffrait cet homme : « Oh rien, juste un petit problème de souffle. Il est surtout très actif, il a 93 ans. » Ces vieux défient tous les handicaps. Ils ont des cache-nez et des airs d'éternel dimanche. Ils sont les derniers à annuler un rendez-vous par téléphone plutôt que par SMS, à dire « fréquenter » plutôt que « sortir », et dans leur manière de vous indiquer le chemin, de vous donner des repères géographiques (« alors quand vous verrez la boutique Casa, c'est là… ») je perçois encore les derniers restes d'une sociabilité enfouie, ces touches exquises de civilisation, pareilles au bruit de la baguette fraîche contenu dans l'expression « casse-croûte » que le mot « sandwich » ne rend pas, nous ramenant plutôt à quelque chose de mou, d'incertain et d'industriellement fade. La ponctualité est leur maîtresse. J'aime leur manière de vous accueillir avec un cintre en bois, de vous proposer du whisky le matin, de résumer leur vie, comme Iris Apfel, en deux mots : NO RULES. Chez eux, on accroche son manteau, on ne le jette pas sur un canapé. Ces marginaux au visage tailladé de rides ont un tel souci de l'ordre qu'ils ne tolèrent aucune forme de démission en matière de rituels. Ils viennent des quatre coins du monde, et n'en finiront jamais d'être des exilés dont l'absence a été la muse. Recherche silencieuse de ces êtres élevés par des femmes, comme Irina Ionesco ou Jacques Sereys : en incarnant chacun des personnages de Proust, de Madame de Guermantes à Swann en passant par Françoise et la vieille tante Léonie, il déplaçait sur l'échiquier de la mémoire tous les personnages de sa vie. Dans d'autres cas, c'est une quête d'absolu engendrée par le deuil, la perte d'un enfant, d'une famille, une séparation avec un autrefois, que le présent se charge, au sens électrique du terme, de faire rayonner. Parce que la mort ne meurt pas, qu'elle vous sculpte, vous redessine, qu'elle vous appelle à extraire tout ce qu'on ne vous a pas pris, tout ce qu'il vous reste à construire, à inventer, les yeux neufs, lavés par les larmes.

Yves Saint Laurent, qui disait ne pas avoir eu de jeunesse, a fait du temps en fuite le moteur de sa vie, se réinventant dans les portraits-souvenirs, les identifications à des personnages réels et fictifs, autant que dans ses voyages intérieurs. C'est ainsi qu'il devint Christian, Cristóbal, Gabrielle, Jean, Swann, Ludwig et tous les autres, se vieillissant très tôt pour échapper à la mode, dont Cocteau disait « elle meurt jeune ». Il fut le premier couturier à s'offrir une rétrospective de son vivant. Il n'avait que 45 ans. « Je me suis fait l'ambassadeur des rois guerriers, j'ai rencontré des Mongols aux poings effroyables et des pêcheurs de perles mi-hommes, mi-poissons », disait-il. Chez lui, l'enfant et le vieil homme se côtoyaient comme l'imaginaire et la chair, au cœur d'un refuge esthétique qu'ennoblirent toutes les références au Second Empire, à la Belle Epoque, à l'âge d'or d'un monde disparu dont il avait été l'apprenti sorcier. Avec lui, j'ai réalisé que l'attitude demeure plus importante que l'âge biologique. Puis j'ai compris, *a posteriori*, pourquoi à l'âge de 20-30 ans j'avais été happée par quelques personnages. Je pense à Manina, à Venise, cette muse surréaliste qui me servait du schnaps dans son atelier embaumé de Rose Tea, un lieu humide dont elle payait l'électricité en vendant de temps à autres quelques émeraudes.

Viellir, c'est visiter la vie, explorer un pays neuf et familier à la fois. C'est renaître dans ce jeu exigeant, cette longue marche qui mène au point culminant, à l'espace absolu, le balcon du monde.

Par-dessus tout, ces octogénaires m'ont prouvé que l'esprit ne s'exerce que dans la résistance, le combat fantasque contre les démons qui nous guettent chaque jour. Quelque chose d'Yves Saint Laurent irradie dans des femmes telles que Juliette Gréco ou Charlotte Aillaud, sa sœur, et d'autres, qui portent leur smoking comme une armure. Je repense à Edmonde Charles-Roux, aux blouses de soie à lavallière qui auréolent son visage d'une lumière naturelle. Des années après sa mort, le couturier continue à leur offrir cette dignité des épaules, cette noblesse du maintien, que la veste de Monsieur Jean Pierre carénée des fameux paddings entretenait d'année en année, pour mettre en valeur un port de tête et faire oublier les imperfections d'un corps soumis aux métamorphoses de l'âge, à propos duquel certaines vendeuses auraient pu dire méchamment : « Elle est trop vieille celle-là pour s'habiller ! »

« Je crois que la vieillesse arrive par les yeux, et qu'on vieillit plus vite à voir toujours des vieux », avait écrit Victor Hugo dans *Ruy Blas*. Oui, les Affranchis vous font perdre tous vos repères, laissant l'ombre de l'abandon et de la défaite se projeter sur d'autres générations que la leur. A force de confondre l'été et l'hiver, de consommer des fraises en décembre et de ne plus reconnaître le jour et la nuit, rétroéclairés que nous sommes par nos écrans, ne serions-nous pas les proies les plus faciles de la maladie d'Alzheimer ? Les chiffres sont tout de même alarmants : 800 000 personnes atteintes en France. 200 000 nouveaux cas par an. « Dans les quinze ans à venir, le nombre va doubler. Il faut qu'il y ait une mobilisation générale », m'avait dit le Dr Olivier de Ladoucette, si affable dans son duffle-coat qu'il n'avait pas enlevé pendant l'interview. Nous sommes las. Ils sont seulement fatigués, parfois. Nous avons renoncé aux règles élémentaires de la politesse qu'ils utilisent comme leur arme favorite. Parfois bougons, souvent joviaux, avec eux l'empathie est immédiate, ou le contact, impossible. Ils sont aussi attachés aux mots que leurs petits-enfants le sont aux images. Ils jouissent de la vie comme d'une nouvelle aurore. Guerriers, ils le sont, forts de cet âge « agonique », l'âge du combat (*agon*) évoqué par Roger Dadoun dans son *Manifeste pour une vieillesse ardente.* S'ils perdent leurs cheveux, s'ils marchent un peu plus lentement, le regard brille et ils renaissent encore, car, avec eux, la sénescence c'est toujours les autres. Ils sont impitoyables avec leurs pareils. « Quelle fatigue, celle-ci, me dit un jour l'un d'entre eux à propos d'une amie. Elle ressasse toujours les mêmes choses, j'ai décidé de ne plus la voir. » La vieillesse, qui était une damnation, est devenue pour ceux-là un projet.

Les seniors valent de l'or. Mais pour combien de temps encore ? L'arbre cache la forêt. Car, au-delà de ces images radieuses, effaçant une à une toutes les formules du désenchantement associé au mot vieillesse (débris, déchetoque, viocard, croulant, H.S. – hors service –, grison…), l'avenir s'annonce préoccupant : avec la retraite à 60 ans, le quotidien de millions d'inactifs bientôt grabataires devra être assuré par des quinquagénaires exsangues, surmenés, portant déjà à bout de bras leurs enfants chômeurs qui n'ont eux-mêmes nul autre endroit pour vivre que le bercail familial. Comme en Espagne, comme en Grèce, l'entraide entre cousins et parents viendra combler un système étatique de plus en plus déficient, submergé par l'arrivée en masse des baby-boomers issus du pic des naissances de l'après-guerre. Mais quels seniors serons-nous ?

On vivra de plus en plus vieux, mais on finira de plus en plus mal, atteints par ces idées noires que les plus jeunes ruminent déjà de manière chronique, dans cette France où, en cinquante ans, la population a perdu tant d'heures de sommeil, confisquées par les transports, les écrans d'ordinateur et de télévision. Signe des temps, le « bien vieillir », associé il y a quelques années à la qualité de la nourriture, est, pour de plus en plus de seniors, lié au fait d'être entouré par leurs proches. L'affection est devenue une denrée rare, au point que des jeunes filles américaines tarifient des câlins. Non pas sexuels, mais bien uniquement affectueux.

La confiance qu'ils m'ont accordée est un trésor d'autant plus précieux qu'une certaine perception du temps disparaît avec eux. Celui de la préparation, de la patience, de la réflexion. Crever plutôt que mourir. Ils savent bien que pour conclure une paix, il faut avoir fait la guerre. Le luxe de mes « vieux » est d'avoir vécu en allant contre, ou en construisant leur avenir sur des ruines. En ayant eu des engagements et des « révélations » (Soljenitsyne). En dénonçant les fléaux du communisme, de la colonisation, ou ceux du fondamentalisme qui s'immisce aujourd'hui dans nos existences de plus en plus passives.

Qu'ont-ils donc de plus que les autres ? Un regard, une certaine intuition du danger irréductible à la peur de l'isolement qu'ils exorcisent en dansant, comme cette grand-mère de Tel-Aviv sur le toit d'un immeuble, alors que ses enfants et ses petits-enfants courent se cacher dans l'escalier. En refusant de porter des masques à gaz, parce qu'ils ont assez vécu pour ne pas mourir, en plus, étouffés.

Les personnalités que j'ai rencontrées n'ont pas connu de retraite forcée, pour la plupart ils continuent à travailler car leur vie dépend de ces questionnements quotidiens. Au Louvre, la vision de Pierre Soulages sirotant son orange pressée comme un enfant de 91 ans, reste gravée à jamais dans ma mémoire : « Je préfère parler d'outre-noir plutôt que de noir-lumière. Il ne s'agit pas d'un phénomène optique, mais de quelque chose qui mobilise l'imaginaire », m'avait-il confié à propos de son œuvre.

« Sais-tu pourquoi les photographes vivent si vieux ? » m'avait demandé Jean-Luc Monterosso, directeur de la Maison européenne de la photographie. « Parce qu'ils passent leur vie à marcher en regardant. » C'est vrai qu'à l'exception de certains reporters et photographes de guerre, de victimes de la maladie ou des suicidés, les rois de l'objectif ont survécu à leurs 80 printemps. « L'œil contient l'univers », avait écrit Maupassant dans *Le Horla*. Richard Avedon s'éclipsa à 81 ans, non sans avoir réalisé sa série prémonitoire dans laquelle il mit en scène la mode et la mort. Helmut Newton était encore un fringant jeune homme de 84 ans lorsqu'il mourut accidentellement à Los Angeles. La liste des départs tardifs demeure impressionnante : André Kertész, Irving Penn, Jacques-Henri Lartigue, Berenice Abbott, Louise Dahl-Wolfe, Joe Rosenthal, Henri Cartier-Bresson, Willy Ronis, ont tous allégrement dépassé leur quatre-vingt-dixième anniversaire. Peut-être parce qu'ils ne le fêtaient pas ? Qu'ils ne s'inquiétaient pas outre mesure de la question du temps, en dehors de celle de leur retardateur ? Man Ray reste le prince des chimères, mort en pleine année disco (1976) à 96 ans, une jeunesse en somme.

Le secret de la longévité appartient encore à ces habitants de l'île d'Icarie, en Grèce, qui se couchent tard, se réveillent tard, et pour lesquels la sieste est sacrée. Ils cultivent leurs légumes, dorment tout leur soûl, sans aucune urgence des missions à accomplir le lendemain, puisqu'ils ont tout leur temps… et pas de montre au poignet. Ils pourraient vivre encore longtemps. Ils se déplaceraient alors avec un déambulateur dessiné par Starck, les plus riches s'offriraient peut-être des valvules mitrales Prada, des hanches en polyéthylène Dyson et des pacemakers gravés à leurs initiales. Mais, à l'heure des implantations de cellules souches, de la bionique, et des projets de pilules destinées à réduire de moitié le processus de vieillissement, l'espoir de vivre plus longtemps se trouve assombri par la peur : la peur de l'ennui, celle que des millions de centenaires, à force d'occuper le terrain, ne laissent plus de place aux générations suivantes. Bien que pétris d'angoisse, les octogénaires que j'ai rencontrés me semblent au fond d'eux assez sereins, ils sont comme immunisés par tout ce qu'ils ont traversé, ils sentent tout, mais vivent si perchés qu'ils ne sont pas mordus par les rats, ils ont déjà côtoyé l'accident, éprouvé la peur, la faim, le manque, traversé des situations parfois extrêmes. En marge de cette plénitude, cette forme de détachement hédoniste, il y a notre peur du silence, notre peur du vide, du black-out de tout ce qui entrave cette course sans fin vers le succès et le toujours plus. Combien de temps mettrons-nous à devenir aussi jeunes qu'eux ? Nous avons grandi dans une telle prospérité, que toute possibilité de vide prend un tour effrayant.

Me trouvant à New York, pendant la Sandy Week, j'ai vécu cette « descente » aux enfers liquides. Jamais la ville debout chère à Paul Morand ne s'est autant retrouvée prisonnière d'elle-même. Des quartiers entiers privés d'eau et d'électricité avaient transformé le sud de Manhattan, à partir de la 27e Rue, en une sorte de zone noire, une Métropolis fantôme où les rares passants qui s'y aventuraient semblaient perdus dans un décor de film sur la fin du monde. Uptown, Madison Avenue baignait dans une torpeur inhabituelle, pas de taxi, pas de voiture, seulement le silence éraillé par le bruit d'une fenêtre tombant du vingt-cinquième étage d'un immeuble. Il fallut deux jours pour que les sacs de sable accumulés devant les devantures puissent être enlevés. Les vendeurs ne venaient plus, bloqués par l'absence de train, de métro, de bus. New York, que les années embellissaient chaque jour, avait soudain pris cent ans. Elle était devenue une vieille femme variqueuse ravagée par une crise de phlébite, ses jambes ne lui servant plus qu'à attendre, tapant le sol de sa canne. La Bourse avait fermé ses portes. Central Park comptait ses arbres arrachés. Sur la 57e Rue, une grue pendait lamentablement de cette tour en construction, un bûcher des vanités à ciel ouvert avec ses appartements à plus de quatre-vingt-quinze millions de dollars. Les hommes d'affaires en pull de cachemire semblaient désœuvrés, perdus au milieu de cette ville incontinente. Dowtown, les badauds photographiaient des débris de vie, de tout. Upper East Side, les enfants avaient tenu à se déguiser en monstres pour Halloween, et, accompagnés par des bonnes philippines, ratissaient la Cinquième Avenue d'un pas traînant. Certains, sous leur masque, ressemblaient déjà à de vieux sénateurs.

Ce que tous redoutaient était là, devant eux.

Soudain le temps qui manquait à tous, le fuyard, le déserteur, s'était rendu, mou, étal, sans aspérité. C'est cette défaite qu'il fallait ignorer en comblant le temps et le vide, en vivant vingt-quatre heures sur vingt-quatre avec ces envoyés spéciaux, immergés parfois jusqu'aux genoux mais toujours sur la brèche, speakers sans prompteur mais dégoulinant de mots et, de conseils, alpaguant des témoins trouvés dans les rues inondées, redoutant peut-être davantage le silence que la vague qui aurait pu les emporter. Entre deux flashes d'infos, les spots publicitaires pour le Cialis et l'Axiron semblaient surréalistes.

Bientôt les boutiques rouvrirent leurs portes, les joggeurs se remirent à courir, mais la brèche était ouverte, deux mois avant les prédictions apocalyptiques du calendrier maya, le grand Malin avait frappé, nous laissant témoins de cette peur encore agrandie par les démons du puritanisme. « La nuit, ici, c'est l'enfer », me dit un taxi, alors que sur Canal Street, habituellement envahie par les touristes, ne régnait qu'un silence glacé. Une Chinoise sortit en hurlant d'une boutique de jeans plongée dans la pénombre : « *We are open !* » Mais personne ne lui répondit. Après tout, le cauchemar de la vie, c'est peut-être cela. Crier sans être entendu. Cette part redoutée de nous-mêmes se retournera contre nous si nous refusons de l'accepter, d'écouter les ombres et les silences, et que nous continuons de tout dissimuler sous nos sourires botoxés et nos *happy faces* bourrées de tranquillisants. « Ne pas honorer la vieillesse, c'est démolir la maison où l'on va coucher ce soir », affirme Régine Detambel dans ce merveilleux livre, *Le Syndrome de Diogène*[1], une ode à la longévité enrichie par les propos d'écrivains, de philosophes, d'infatigables aventuriers de la pensée. « La vieillesse n'empêche pas que l'existence s'agrandisse, multiplie chaque année le réseau infini de ses connexions, de ses entrelacements. L'éveillé ne s'efforce pas de retenir le passé ou de le reproduire. » Elle est un art de la résurrection, de la métamorphose. Une révélation pour ceux qui se sentiraient trop à l'étroit dans la voie unique de l'hystérie collective, balisée par la surprotection médicalisée et la peur chronique de tout symptôme de dégénérescence précoce. La vieillesse n'est pas un naufrage. Elle est une promesse, quand l'appétit de vivre grandit avec l'âge. Elle est une aptitude à se renouveler à laquelle Hermann Hesse nous convie, pour l'éternité.

A chaque appel de la vie
Le cœur doit savoir dire adieu
et tout recommencer (...)

1. Actes Sud, 2008.

L'esprit du monde ne nous enferme
ni ne nous lie
A chaque étape il nous libère,
nous fait plus grands[1].

Monsieur K, 89 ans, dans sa garçonnière de Port-Royal, m'a confié un jour : « Je vais mourir cette année, le suicide, j'ai ce qu'il faut. » Quand sa femme est morte, il y a trois ans, il a hurlé. Puis il a eu envie « de revivre ».

Psychiatre, il parle d'un « état maniaque de compensation » : « J'ai commencé à regarder des annonces de rencontres. J'ai établi une relation compulsive avec un site. J'avais l'impression de vivre une relation. Je délirais, tout en sachant parfaitement que c'était une fiction. Je comprenais bien que l'opératrice du soir n'était pas la même que celle du matin… » Monsieur K m'a parlé de son exhibitionnisme narcissique et de sa vision de la vieillesse : ne pas flancher, ne pas se laisser rattraper par la mort, la convoquer. Il dit que sa mère a fait « la même chose » à 90 ans. « Un soir, elle m'a appelé, en me disant : "ça y est, je l'ai fait". Quand j'ai ouvert la porte, elle était déjà dans le coma. Vivre, c'est éprouver des sensations. Moi, je n'aime pas les choses qui me tombent dessus. » A 89 ans, il ne s'est jamais senti aussi « libre, léger » : « Je n'ai plus de biens,

1. Hermann Hesse, *Eloge de la vieillesse*, Calmann-Lévy, 2000.

j'ai tout vendu, j'ai le sentiment que je me détache affectueusement de mes proches… »

Henri Dutilleux

A l'inverse, Henri Dutilleux, qui venait tout juste de fêter ses 97 ans, avait la « joie infinie » de célébrer également la sortie de son album *Correspondances* qu'il avait écrit à Berlin en 2003 mais qu'il n'avait jamais enregistré. Il ne me parla que d'amour. L'amour de son métier de compositeur, l'amour des autres, de ses parents, de ce berceau familial si propice à la création. C'est son grand-père maternel, Julien Koszul, ami de Gabriel Fauré et de Saint-Saëns, qui lui avait donné ses premiers cours de piano. La classe de solfège avait lieu tous les matins de 6 h 30 à 7 h 30. Enfoui dans sa veste à grands carreaux, l'homme, qui ne sortait plus guère de son appartement de l'île Saint-Louis où il habitait depuis cinquante-deux ans, avait tenu à assister à l'enregistrement de l'album, par l'orchestre philharmonique de Radio France dirigé par le chef Esa-Pekka Salonen. Je fus d'emblée surprise par les courbes mélodiques de ses phrases, la grâce avec laquelle l'auteur des *Métaboles* (« Linéaire », « Torpide », « Flamboyant »), de *Tout un monde lointain* (« Enigme », « Regard », « Houles », « Miroirs »…) ou de *Mystère de l'instant* (« Appels », « Echos »,

« Prisme », « Rumeurs »...) exprimait son désarroi autant que sa passion. L'amoureux de Baudelaire, épris de toutes les correspondances sonores, me semblait composer une nouvelle partition dans la nuit étoilée. Il commença par s'excuser : « Je sens d'un jour à l'autre le fléchissement de mon existence. J'aurais voulu me montrer plus digne de vous et de ce que vous cherchez à entendre de moi-même. » Pourtant, c'est avec une extraordinaire agilité d'esprit que, pareil à cette immense nébuleuse en spirale et à ces astres surgis d'un « halo argenté » traduit en notes, il livrait à sa manière son hommage nocturne à la vie. Tout dans ses mots révélait un être pris dans l'obscure clarté du monde. Il était là, au milieu des livres, face au portrait de Renée Fleming posé sur le piano, comme sous une lune orange, dont il avait écrit un jour « qu'elle rayonne étrangement dans l'infini de la voûte céleste ». Il me parlait de lui tantôt à l'imparfait, tantôt au présent. « Je ne suis pas trop déçu de ce que j'ai tenté de faire », m'expliqua celui qui demeurait à ce jour le compositeur vivant le plus joué au monde. « J'ai tout de même fait des progrès. » La voix, de plus en plus incantatoire, tenait tantôt du murmure, tantôt du discours, pareille à cette sonate pour piano, offerte comme un songe morcelé, du lied jusqu'à l'allegro aux contrepoints doux et vaporeux. Il sortait un mouchoir, les mains dansaient devant le déambulateur. J'avais devant moi le début et la fin, la conclusion faite homme, qu'il ne faut pas « rester dans le seul culte du passé », et que ces moments ultimes, en se dématérialisant, prennent une grâce inédite. « Cette œuvre dont je ne voyais pas la fin m'a entraîné vers quelque chose de plus que mystérieux, du domaine de la croyance », me confia-t-il.

Dans ses charentaises à carreaux, Henri Dutilleux, le complice d'Isaac Stern et de Rostropovitch, composait à main levée une symphonie céleste sans flûte ni contrebasson : « Il faut se débarrasser des préjugés, aller vers ce que votre tempérament vous pousse à atteindre. Il faut avoir la chance de rencontrer les êtres les plus aptes à vous maintenir dans ce but. Et puis dépasser ce but, rechercher à exprimer ce qui vous distingue… ». Son *Mystère de l'instant* joué par vingt-quatre cordes, cymbalum et percussion, se réalisait dans un regard, des mains, des mots, un moment dont vous ressortiez changé, enrichi. Jamais sans doute je n'avais entendu une définition aussi solaire de l'éducation : « Mes parents m'ont laissé libre et pourtant, animé des certitudes qui étaient les leurs. Je ne vois pas chez eux la moindre tentative de contrainte. »

Leurs coups d'éclat nous semblent d'autant plus impressionnants que nous nous faisons tout petits devant eux. « A la moitié du chemin de la vraie vie, nous étions environnés d'une sombre mélancolie qu'ont exprimée tant de mots railleurs et tristes, dans le café de la jeunesse perdue. » Patrick Modiano s'est inspiré de cette phrase de Guy Debord, pour écrire son roman où résonne la voix rauque de Louki, dans un prélude à ce qu'il nomme l'*Eternel Retour.* Il arrive un âge où vos propres parents ont l'âge de vos grands-parents, hier. Où vous leur préparez des repas moulinés qui vous téléportent à l'époque de vos premiers bébés. Les années se mélangent, ponctuées par l'ombre des lieux, des jours, des sentiments familiers, l'obsession des colis, ceux que mes grands-parents envoyaient à ma mère et à mon oncle, pendant la guerre, ceux que je n'ai pas pu m'empêcher d'envoyer à mon fils en colonie de vacances, colis perdus, colis volés, sans doute, encore et toujours avec cette peur de manquer, un puits sans fond que nous remplissons avec des souvenirs qui finissent par former l'étoffe d'une vie.

Au fond de moi, la petite fille d'un immigré clandestin, la vie est là, qui me tend les bras de l'intérieur, accrochée à la mémoire de ceux qui resteront pour toujours mes modèles, l'emblème de ceux qui défient leur âge. Ceux qui survivent à tout, même à la mort qu'ils ont connue si jeunes. Ayant fui le service militaire et la Pologne, Hermann Frajder était arrivé à Paris en 1923 avec son épouse, Zelie Ptachnik, et leur bébé. L'enfant a trois mois lorsque sa femme meurt d'une méningite. Il l'élèvera seul, avant de se marier avec Rachel, ma grand-mère. Toute sa vie, il l'a dédiée à ses enfants, à son travail, à l'honneur de la République. Le seul document qu'il avait mis au coffre de la banque et que ma mère a retrouvé après sa mort aura été son certificat de nationalité française. Il en était si fier. Il avait 87 ans. Un jour, il n'a pas répondu chez lui, on a dû faire venir un serrurier. Je l'ai retrouvé assis dans son fauteuil bleu avec un livre. J'ai posé ma tête contre son cœur pour traquer des battements perdus, je n'entendais rien, je me disais que c'était à cause de tous les bandages qu'il avait dessous. Il était froid. J'ai vu ses mains très blanches, sa tête plus rouge. J'avais l'impression qu'il grandissait tout en se recroquevillant, peut-être était-ce à cause des larmes qui déforment tout. Lui qui toute sa vie avait attaché tellement d'importance à sa toilette, avec ses costumes à rayures tennis et son manteau à chevrons, était là dans son grand pantalon défait. Il y mettait du papier journal car personne n'avait pensé à lui acheter des couches pour incontinence – des changes complets, comme on dit maintenant. J'avais honte d'avoir été si près et si loin, mais il aurait refusé toute intrusion. Ma mère est arrivée avec son stéthoscope, elle pleurait déjà, j'ai su que c'était fini. Le temps qui passe ne comble pas le vide que j'ai ressenti ce jour-là dans cet appartement qu'il occupait seul, lieu rempli des photos de ses petits-enfants qu'il embrassait chaque soir avant de se coucher. Dans les tiroirs de la table de la salle à manger, il y avait une chemise rouge pleine de photos et de lettres, dont une de mon oncle et de ma mère, posant souriants, elle, avec son étoile « Juif ». Mon grand-père avait tout gardé. Je retrouvai cette lettre que j'avais rédigée d'une grosse plume enfantine, quand j'avais 20 ans : « Je souhaite être digne de vous en réussissant le concours cette année, pour vous témoigner tout le respect et tout l'amour que j'ai pour vous, et pour tous les sacrifices que vous avez accomplis pour nous. Je suis avec beaucoup d'intérêt l'affaire des otages américains. Je pense qu'ils vont être libérés aujourd'hui, enfin. Qu'en penses-tu mon cher Pépère ? » A l'époque déjà, le temps me filait entre les doigts. Quel « chlzemazel » aurait dit ma grand-mère pour désigner les « maladroits chanceux ».

J'ai écrit ce livre pour prolonger à travers d'autres que lui les instants et le bonheur d'avant les os glacés, l'amour, tout simplement.

BIBLIOGRAPHIE

Ari Seth COHEN, *Advanced Style*, PowerHouse Books, 2012.

Régine DETAMBEL, *Le Syndrome de Diogène. Eloge des vieillesses*, Actes Sud, 2008.

Juliette GRÉCO, *Je suis faite comme ça*, Flammarion, 2012.

Marceline LORIDAN-IVENS, *Ma vie Balagan*, Robert Laffont, 2008.

Christian MILLAU, *Journal impoli, 2011-1928*, éd. du Rocher, 2011. *Journal d'un mauvais Français*, éd. du Rocher, 2012. *Dictionnaire d'un peu tout et n'importe quoi*, éditions du Rocher, 2013.

René de OBALDIA, *Théâtre complet*, Bibliothèque Grasset, Grasset. 2011. *Exobiographie*, Les Cahiers Rouges, Grasset, 2011. *Le Centenaire*, Les Cahiers Rouges, Grasset, 2011.

Jean RENOIR, *Pierre-Auguste Renoir, mon père*, Folio-Gallimard, 2004.

Sonia RYKIEL, Judith PERRIGNON, *N'oubliez pas que je joue*, L'Iconoclaste, 2012.

Sonia RYKIEL, *Dictionnaire déglingué*, Flammarion, 2011.

Jean-Louis TRINTIGNANT, *Du côté d'Uzès*, entretiens avec André Asséo, Le Cherche-Midi, 2012.

REMERCIEMENTS

Je tiens à remercier tous ceux qui m'ont aidée dans ce travail et qui ont pu faciliter la rencontre avec ces Affranchis. Toute ma reconnaissance à Allegra Pucci, Alex et Alber, à Anouk Aimée, Violaine Binet, Jacques Brunel, Danielle Cillien-Sabatier, Claude Desmaret, Claude Duvivier, Arnaud Hadida, Jean-Pascal Hesse, Viviane Jossel, Dr Gilbert Desfosses, Dr Olivier de Ladoucette, Michel Klein, Mathieu Lehanneur, Yves Mestre, Karine Porret, Manon Perez, Christophe Robin, Josyane Savigneau, Xavier Samson, Jacques Silvant ainsi qu'à Chloé Deschamps et à Manuel Carcassonne.

Cet ouvrage a été imprimé en France
par CPI Bussière
à Saint-Amand-Montrond (Cher)
en avril 2013

Composition DATAGRAFIX

PAPIER À BASE DE
FIBRES CERTIFIÉES

Grasset s'engage pour
l'environnement en réduisant
l'empreinte carbone de ses livres.
Celle de cet exemplaire est de :
550 g éq. CO_2
Rendez-vous sur
www.grasset-durable.fr

N° d'Édition : 17710. — N° d'Impression : 2002390.
Dépôt légal : mai 2013.